바람의
노래가
　된
순례자

1

설산 너머 티베트 불교
30년 순례기

바람의 노래가 된 순례자

글·사진
다정 김규현

장경각

설산을 넘는 영혼,
히말라야의 숨결로 피어오르다

눈 덮인 봉우리들을 가로지르며 인간 문명이 아닌 생명의 본성으로 되돌아가는 여정을 상상해 본 적이 있는가. 그 여정은 속세의 번다한 소음을 뒤로한 채, 고요한 바람 소리와 순수한 침묵만이 진리를 속삭이는 티베트 고원을 걷는 일이다. 그 길 위에 한 송이 연꽃처럼 피어난 한 존재가 있다면, 그는 바로 김규현 선생일 것이다.

그의 발걸음은 곧 우주와 하나되는 순례이자 인간성의 가장 깊은 본질에 다가가는 고독한 사랑의 행위이다. 그런 의미에서 『바람의 노래가 된 순례자』는 그런 여정의 정수이자 살아 숨 쉬는 영혼의 일기장이며, 무엇보다 한 존재가 온 삶을 걸고 실천한 사유의 보고서이다.

그러므로 이 책은 단순한 여행기가 아니다. 정보와 감상의 나열이 아닌, 저자의 오랜 침묵과 수행, 관찰과 통찰, 체험과 고통의 통과를 통해 길어올린 살아 있는 체현體現의 기록이다.

1990년대 초, 김규현 선생은 히말라야의 바람소리에 이끌려 문명의 궤도에서 조용히 이탈했다. 서울 도심에서 지식인·문학인·운동가로 활동하던 그는 삶의 궤를 바꾸어 이국의 산맥을 향해 발걸음을 옮겼다. 그 길은 단지 종교적 탐방이 아닌, 자신의 존재 전체를 해체하고 재탄생시키는 존재론적 순례였다.

그는 이후 30년에 가까운 세월 동안, 결코 이 길을 가볍게 이야기하지 않았다. 삶으로 살아냈고, 스승 앞에 무릎을 꿇었으며, 수행자들과 함께 잠들고 깨어났고, 티베트의 바람과 불, 죽음과 생명, 어둠과 빛을 온몸으로 건너왔다. 이 책은 그 침묵의 시간들에 바쳐진 진실한 증언이다.

김규현 선생은 탁월한 이야기꾼이다. 그의 문장은 절제되어 있으면서도 투명하게 살아 있고, 구체적이면서도 상징적이다. 정제된 감성과 철학적 깊이가 교차하며 흐르는 그의 문장은, 독자에게 단순한 읽기의 경험을 넘어선 '존재적 체험'을 선사한다. 티베트의 대지와 하늘, 라마와 스승들, 명상과 의식, 그리고 해탈과 좌절의 순간들이 선명하게 다가온다.

이 책에서 김 선생은 단지 보고 들은 것을 기록하는 데 그치지 않고, 그것을 삶 속에서 소화하고 새롭게 재구성하는 통합의 여정을 감행한다. 티베트 불교의 철학과 실천을 한국적 정서와 언어로 번역해 내며, 그것을 현대인의 내면 삶과 잇는 다리로 제시한다. 그 결과 『바람의 노래가 된 순례자』는 동서양 전통과 현대, 종교와 철학, 신화와 과학을 넘나드는 깊이 있는 사유의 결정체로 완성된다.

책 전체를 관통하는 정서는 '존재에 대한 경외심'이다. 스승과 라마들, 그들의 가르침과 일상에 대한 저자의 태도는 형식적 존경이 아닌 깊은 감동으로 다가온다. 스승 앞에 무릎을 꿇고 마음을 비우는 그의 겸허함은, 독자로 하여금 인간 영혼의 근원적인 순수함과 진실에 대해 다시금 생각하게 만든다.

특히 리트리트와 상카, 푸자, 바르도 수행 등의 전통 의식에 대한 그의 묘사는, 단지 관찰자의 시선이 아니라 참여자의 시선으로 이루어졌기에, 티베트 불교 수행 전통에 관심 있는 이들에게 더없이 귀중한 안내서가 될 것이다.

김규현 선생은 길 위에서 길을 발견하고, 수행 중에 수행의 본

질을 깨달으며, 무명의 안개 속에서 지혜의 빛을 길어 올린다. 그러나 그는 그 깨달음을 결코 자기 안에만 머물러 있게 하지는 않는다. 오히려 그는 조용히, 그러나 단호하게 말한다. "이 길은 누구에게나 열려 있습니다. 당신도 할 수 있습니다." 이 다정하면서도 깊은 목소리는, 이 책의 가장 귀한 선물이다.

책의 마지막 장에 다다르면, 독자는 저자가 겪은 무수한 좌절과 거듭남, 사랑과 상실, 침묵과 노래가 결국 한 송이 연꽃으로 피어나게 되었음을 알게 된다. 히말라야의 바람은 그의 영혼을 깊이 흔들었고, 그는 그 흔들림 속에서 자아라는 환상을 내려놓았다. 그리하여 마침내 연꽃의 중심에 앉은 '참된 나'를 만난 것이다.

이 책은 바로 그 만남의 기록이며, 히말라야가 들려준 '바람의 노래'이고, 우리 각자의 내면에서 피어날 수 있는 '연꽃의 가능성'이다. 『바람의 노래가 된 순례자』는 종교나 철학을 넘어, 인간 존재의 궁극적인 완성 가능성에 대한 한 편의 깊고 아름다운 증언서이다. 치열하고도 고요하며, 어두우면서도 찬란한 이 여정은, 우리 모두가 언젠가 건너야 할 내면의 히말라야에 대한 탐색이기도 하다.

이 책을 손에 든 독자에게 간절히 말하고 싶다. 잠시 멈추고, 천천히 읽으시라. 그리고 마음 깊은 곳에 이렇게 물어보시라. "나는 지금, 어디를 걷고 있는가? 내 안의 연꽃은 지금, 피어나고 있는가?" 이 질문이 당신의 길 위에 작은 등불이 되기를 바라며, 나는 이 책을 깊은 애정과 존경을 담아 추천드린다.

덧붙이자면, 김규현 선생과의 인연은 20여 년 전, 필자가 발행인이었던 '정신세계사'에서 그의 저서 『티베트 역사산책』(2003), 『티베트 문화산책』(2004)을 출간하며 시작되었다. 그 인연이 오늘날 이 위대한 순례의 결실인 『바람의 노래가 된 순례자』로 이어졌다는 것은 더없이 벅찬 영광이다. 이 책이 많은 이들의 가슴에 새겨지고, 영성의 꽃을 피우는 새로운 문명의 이정표가 되기를 바란다.

2025년 7월, 서귀포에서

봄날 송순현(정신세계원 대표)

차례

추천의 글_ 봄날 송순현(정신세계원 대표) — 005

일러두기 — 014

1부_

설산 너머
깨달음의 향기를
따라서

- **라다크**　　티베트 불교의 숨겨진 보고　　　　　　— 017
- **무스탕**　　찬란한 불교문화의 왕국　　　　　　　— 042

• 네팔	카트만두의 장엄한 수레 축제	— 066
	세계 최대의 불탑 보우드나트	— 080
	티베트 난민촌 학교 '마운트 카일라스'	— 095
	룸비니의 부처님오신날	— 107
	데바다하, 싯다르타 태자의 외가이자 처가	— 122
	구루 린뽀체의 오도처 파르뼁 동굴	— 134
• 다르질링 — 시킴	샴발라는 어디에 있을까?	— 148
	『바르도 퇴돌』의 출현지 부띠야 부스티 사원	— 159
	최고의 성지 따시딩 사원	— 171
	남걀 왕조의 마지막 도읍지 갱톡	— 182
	까르마-까규빠의 본산 룸텍 사원	— 194
• 부탄	사바세계에 구현된 불국토 부탄 왕국	— 207
	신령감이 감도는 도출라 고개의 108개 위령탑	— 220
	티베트 마니아의 버킷리스트 탐촉다리	— 233
	불교미술의 보고 둠쩨그 사원	— 247

011

차례

2부_

수행자의
발자취를
따라서

히말라야 산속의 기인화가 니콜라스 로에리치	— 259
불세출의 딴트라 요기 밀라래빠	— 270
밀라래빠의 수행식 쐐기풀 죽	— 281
연꽃에서 태어난 사람 빠드마삼바바	— 292
구루 린뽀체를 따라서 삼예 사원으로	— 308
따왕 사원과 비운의 제6대 달라이 라마	— 322

3부_

티베트 불교의
지혜와
숨결

티베트 불교의 환생제도 — 349
기원의 오색깃발 다르촉과 룽따 — 360
밀라래빠의 나로육법 — 372

저자 약력_ 다정茶汀 김규현 — 380

일러두기

1. 과거에 '티베트어 영어표기법'으로 흔히 사용하였던 〈와일리 표기법(Turrell V. Wylie)〉은 '로마자를 표기하는 방법'으로 만들어졌기에 주로 학술적인 목적으로 쓰였지만 번역의 기본 요령을 따로 배우지 않고는 쓰기도 읽기도 어려운 단점이 있고 지금도 대부분의 마니아들은 습관처럼 이 〈와일리 표기법〉을 사용하고 있다. 그러나 본 책에서는 이를 모두 미국식 영어표기법으로 바꾸었다.

2. 티베트어, 산스크리트어, 현대 인도나 네팔에서 사용하는 데바나가리(Dēvanagari)에는 된 발음이 많다. 특히 파열음破裂音(plosive) 계열에서는 Ka(까)와 Kha(카), Pa(빠)와 Pha(파), Ta(따)와 Tha(타)를 엄격하게 구분하여 사용하고 있다. 그러나 우리는 오랫동안 이를 구분하지 않고 사용하여 왔는데, 본 책에서는 "원음에 좀 더 가깝게 적어야 한다."라는 입장에서 외래어 표기법을 지키고자 노력하였다.

3. 다만 위의 원칙을 지키기 위해 무엇보다 고심한 부분은 오랫동안 익숙하게 사용하던 단어들은 바꾸기가 쉽지 않았다는 점이다. 예를 들면 카일라쉬(Kailash), 카트만두(Kathmandu), 네팔(Nepal), 포카라(Pokhra), 나마스테(Namaste) 같은 경우는 위의 원칙을 따르면, '까일라쉬', '까트만두', '네빨', '뽀카라', '나마스떼'로 읽고 써야 마땅하지만, 오랫동안 습관화된 발음을 단시간 안에 바꾸기에는 부작용이 따를 듯하여 통상대로 사용하였다. 다만 티베트 마니아뿐만 아니라 모두 같이 통일하여 사용했으면 하는 것이 필자의 바람이다.

4. 우리나라에 '티베트학(Tibetology)'의 초석을 놓는 데 미력하나마 일조를 했다고 자부하는 필자로서는 30여 년 넘게 티베트 자료들의 사용례를 살펴보면서 각 종파宗派를 이름하는 '~~빠(~~pa)'와 '~~파(pha)'에 대해 결론을 내렸다. '빠pa'에는 '개인 사람'뿐만 아니라 광의적으로는 '종단 사람' 또는 '종단 자체'라는 의미가 포함되어 있다는 것이다. 그러므로 앞으로는 티베트의 종파를 구분하는 단어를 쓸 때, 각 종단의 사람과 그 자체를 다 포함하는 '빠'로 통일하여 쓰기로 한다.(예: 겔룩빠, 닝마빠, 싸캬빠, 까규빠)

5. 그리하여 티베트나 실크로드 관련 필자의 졸저에서도 정정할 것들이 보이는 대로 다시 바로잡았다. 예를 들면 탄트라→'딴뜨라', 밀라레파→'밀라래빠', 파드마→'빠드마', 린포체→'린뽀체', '바르도 퇴돌(Bardo thödol)', 최갈빡빠(Chögyal Pagpa), 민될링(Min-dröl-ling), 타르초→다르촉, 룽타→룽따, 곤파→곰빠, 타라→따라, 타시→따시, 코라→꼬라, 파코라→바꼬라, 투모→뚬모, 랑콤→롱곰, 라사→라싸 등이다.(2025년 7월 기준)

1부

설산 너머
깨달음의 향기를
따라서

—— 1995년 카일라스
첫 안꼬라에 도전한 필자.

라다크
티베트 불교의 숨겨진 보고

지금으로부터 30여 년 전인 1993년은 티베트란 나라가 내게, 아니 우리 모두에게 그 실체를 드러낸 해였다. 사실 티베트와 우리나라는 고려시대부터 낯선 관계가 아니었다. 그럼에도 불구하고 그동안 지정학적 관계로 오랜 세월 단절된 시기를 거치면서 생소한 나라로 변해 버리고 말았다.

더구나 1950년 10월 중국인민해방군이 티베트를 침공, 점령하고 평화적 합병이라는 미명 하에 1951년 5월 23일 십칠조협의를 체결하면서 티베트는 국권을 잃고 시짱자치구(西藏自治區)가 되고 말았다. 그 후 철저히 '죽(竹)의 장막'에 가려져 있었기에 티베트는 한동안 히말라야 너머 신비의 구름 속에 가려진 이미지로 고착되어 버린 것이다.

그러나 1989년 천안문 6·4항쟁 이후의 세기적 해빙무드에 따라 티베트도 개방되었고, 이어서 1992년 8월에 한중수교가 이루어지며 나에게까지 그 문이 열리게 되었다. 그 이듬해 나는 마침내 티베트 본토의 수도인 라싸(Lhasa)에 들어갈 수 있었고 포탈라궁을 향해 오체투지를 드리는 감격을 맛볼 수 있었다.

그리고는 내친김에 티베트대학에 적을 두고 우리나라와 티베트의 종교와 민속문화의 연결 고리에 대한 연구를 시작했다. 학교생활 틈틈이 멀고 먼 카일라스(St. Kailash) 산을 여러 차례 순례하면서 저술에 몰두하여 '수미산설須彌山說'을 주제로 한 『티베트의 신비와 명상』(도피안사, 2001)을, 이어서 『티베트 역사산책』(정신세계사, 2003)과 『티베트 문화산책』(정신세계사, 2004)을 출간하면서 우리나라에 '티베트학(Tibetology)'의 초석을 놓는 데 미력하나마 일조할 수 있었음을 기쁘게 생각하고 있다.

하늘 고개의 땅, 라다크(Ladakh)

오랫동안 티베트 본토에 대한 중국의 원천 봉쇄로 인해 티베트 마니아의 갈증을 해소할 방법이 없긴 했지만 그렇다고 대안이 아주 없었던 것은 아니었다. 크게 두 가지 방법이 있었는데, 우선 요긴한 정보는 구미권이나 일본 쪽에서 제한적이나마 접할 수 있었고 또한 직접 티베트 문화권으로 가는 방법이 있었다. 바로 인도령 라다크(Ladakh)와 시킴(Sikkim) 그리고 네팔령 무스탕(Mustang)

—— 나의 그림자와 함께 찍은 델리-마날리-레 사이의 최고로 높은 고개인 해발 5,358m의 타그랑라(Tangerang-la)의 이정표.

1부_ 설산 너머 깨달음의 향기를 따라서

같은 곳을 방문하면 그동안 사진으로만 보아 왔던 티베트 사원과 눈 푸른 고승들 그리고 일반 티베트인을 직접 만나 이야기를 할 수도 있었고, 차와 설산 막걸리 '창'도 같이 나누어 마실 수 있었다. 말하자면 '꿩 대신 닭'이었던 셈이다.

나도 예외는 아니었다. 티베트 본토 개방 이전이던 1990년에 처음으로 라다크를 방문했고, 2011년에는 모 잡지 연재 차 또 한 번, 그리고 2023년 세 번째로 라다크를 방문하였다. 대충 10년 강산 주기였기에 많은 변화를 실감할 수 있었다.

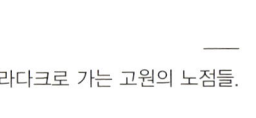

고산병 귀신을 쫓는 주문
"키키 소소 라갈로~."

라다크로 가는 고원의 노점들.

초기에는 인도 서북부 카슈미르주의 주도 스리나가르(Srinagar)까지 올라가서 해발 3,529m의 조지 라(Zoji-la)를 넘어가야 했다. 하지만 요즘은 인도 북부 히마찰프라데시주(HP)의 휴양지 마날리(Manali)를 거쳐 라다크의 수도인 레(Leh)로 입성하는 길이 포장되었다. 또한 로탕라(Rohtang-la) 터널도 뚫려서 이전보다는 무척 빨라지고 쉬워졌다.

그러나 '라다크'라는 어원이 '고갯길의 땅'임을 증명하듯이, 여전히 지구촌에서 첫 번째와 두 번째로 높은 해발 5,000m급의 고

구름이 머무는 '높은 고개들의 땅'인 라다크의 풍광.

개 세 개를 넘어야만 갈 수 있다. 산전수전 공중전까지 다 겪은 나 같은 순례자도 그곳에 이르기 힘든 것은 예나 지금이나 역시 매한가지다.

힘들게 고갯마루에 올라섰다 하더라도 산꼭대기에는 또 다른 복병이 기다리고 있다. 이름하여 '바람의 말들(Lungta, 風馬旗)'인데, 이것들이 몰려와 하계 중생들로 하여금 어지러워서 걸음조차 떼 놓기 어렵게 만들고 극심한 두통에 시달리게 한다. 이른바 고산병이다. 그래서 원주민들도 고개 마루턱에 올라서면 고산병 귀신을 물리치려고 "키키 소소 라걀로~~~"라고 소리를 지르며 '짬빠가루'나 작은 오색 색종이를 하늘을 향해 뿌려 댄다.

골짜기마다 산재한 유서 깊은 대사원들

누군가는 "그렇게 험하고 어려운 곳을 왜 힘들게 방문하느냐?"라고 반문할지도 모른다. 물론 대부분의 호사가들은 스스로의 '버킷리스트'를 채우기 위해서 그 고통을 감내한다. 하지만 나 같은 티베트 마니아들은 티베트 불교의 진수를 감추어 놓은 사원들의 훈기를 직접 맛보려고 그렇게 힘든 순례길에 오르는 것이다.

현재 스스로를 '라닥키'라고 부르는 이곳 주민들은 국적은 인도인이지만 혈통은 티베트족이다. 왜냐하면 이들의 선조인 남걀

—— 디스켓 곰빠에 있는 50m 크기의 거대한 마이트레야(Maitreya) 불상.
사바세계를 굽어보며 다가올 미래를 응시하고 있다.

—— 라다크 최대의 사원인 헤미스 사원의 가면춤 '참(Cham;Tse-Chu)' 축제의 모습.

(Namgyal) 왕조는 강력했던 토번吐蕃 왕조의 후예이며 또한 구게(Guge) 왕조와 형제국이었기 때문이다. 그러나 후일 두 나라는 왕실 간의 결혼문제로 전쟁이 일어나 구게 왕국이 멸망에 이르게 되어 라다크는 티베트 본토에서 외톨이 신세가 되어 버렸다.

하지만 이때 셍게 남걀(Sengge Namgyal, 1590~1620)이라는 불세출의 영걸英傑이 출현하여 왕조를 반석에 올려놓으며 그들의 정체성을 지켜 내려왔다. 현재 이 남걀 왕조의 후예는 비록 통치권은 인도에 이양하였지만 여전히 상징적인 국왕 대접을 받으며 레 인근의 스톡(Stock) 궁전에 거주하고 있다.* 이런 지정학적인 이유로 라다크는 티베트 본토에 비해 티베트적인 종교와 문화의 순수성을 지키며 오히려 변용을 거쳐 오늘날과 같은 티베트 불교 최대, 최고의 문화유적을 지켜올 수 있었다.

우선 그 원인 중 하나는 겔룩빠(Gelugpa)의 독주와 견제에서 벗어나 티베트의 '4대 종파'가 골고루 발전할 수 있었다는 점이다. 사실 티베트 본토에서는 과거 수백 년 동안 국권까지 잡고 있던 겔룩빠 때문에 나머지 종파가 평등한 경쟁을 할 수 없었던 반면에 본토에서 멀리 떨어진 라다크에서는 각자 공정하게 교세를 확

---

* 졸저 『티베트 역사산책』 구게왕국 편에 비극의 역사가 정리되어 있으니 관심 있는 독자들은 일독하시기 바란다

─── 비경 누부라(Nubra) 계곡의 랜드마크인 디스켓 곰빠(Diskit G.)의 전경.

장할 수 있었기에 백가쟁명의 시기를 구가할 수 있었다.

 물론 본토의 불교 유산들이 1996년부터 시작된 10년간의 '문화혁명' 기간 중에 거의 파괴되어 버려서 라다크의 불교 유산들이 더욱 조명을 받게 된 점도 있을 테지만 말이다. 사실 현재 라다크 사원들 중에는 지파支派가 많기로 유명한 까규빠(Kagyue sect)에 속하는 사원들이 가장 많고, 그 외 닝마빠(Ningma sect)와 싸캬빠(Sakya sect) 그리고 겔룩빠가 뒤를 잇는 것을 보면 증명되는 사실이다.

사실 라다크를 여행하다 보면 중심지 레 시가지와 사원들 외에는 볼거리가 전혀 없음을 알게 된다. 물론 아침저녁으로 뜨고 지는 해와 달 그리고 오색별들이 가득한 밤하늘이나 눈이 시리도록 맑고 투명한 하늘과 때로는 이마에 만년설을 이고 있는 덩치 큰 산들과 크고 작은 산주름이 잡혀 있는 계곡들과 드넓은 광야 사이로 흘러내리는 크고 작은 강들, 그리고 드넓은 초원에서 방목하는 유목민들이나 드문드문 저녁연기가 피어오르는 평화로운 민가의 목가적인 풍경도 이방인의 눈길을 사로잡겠지만, 결국 라

다크 여행의 랜드마크는 다양한 매력을 숨기고 있는 고색창연한 사원들일 것이다.

힘들게 라다크까지 왔다면 가장 큰 헤미스 사원(Hemis Monastry)은 당연히 가 보아야 한다. 가능하다면 '헤미스 체추'가 열리는 가면춤(Cham) 축제에 맞추는 것이 좋을 테고, 더 욕심을 부린다면 12년마다 열리는 원숭이해 초여름에 가는 것이 금상첨화이다. 설역雪域에 불교를 전한 구루 린뽀체 빠드마삼바바(Padmasambhava)의 탄생일을 기념해 열리는 이 축제는 티베트 불교권, 아니 세계에서 가장 성대하다는 평가를 받고 있을 정도이다. 특히 이때는 평소 볼 수 없던 대형 탕카(Thangka)가 공개되기에 수많은 인파가 몰려들기로도 유명하다. 무릇 축제란 사람이 많을수록 흥이 나기 마련이니까.

참, 헤미스 사원에는 『토마스복음서』에 근거한 예수님의 숨겨진 자취에 대한 기록이 전해 온다고 해서 호사가들의 흥미를 끌기도 한다. 헤미스 사원 이외에 초대형 미륵불상으로 유명한 디스켓(Diskit), 인더스 강 계곡 속의 원경이 아름다운 라마유르(Lamayur), 틱세, 알치 등등 헤아릴 수 없이 많은 크고 작은 곰빠들이 여행자들의 눈길을 사로잡는다.

또한 주민 대부분이 몽골로이드 혈통이라서 우리 한민족과 생김새도 비슷하고 언어도 유사한 것들이 많다. 인사법도 우리처럼

─── 아름다운 인더스 강 계곡의 라마유르 사원 원경.

─── 기원의 오색 깃발이 휘날리는 레 번화가의 풍경.
예전보다 건물이 많아지고 높아져서 변화가 실감나게 다가온다.

'합창 예배'와 같아서 흥미로운 점이 한두 가지가 아니다. 그들은 사람을 만나면 마주보고 서서 두 손을 가슴 위에서 합쳐서 허리를 조금 숙여서 인사를 하며 입으로는 "줄레줄레(Jullay Jullay)"라고 한다. 이런 모양새는 어디를 가든 대체로 비슷할 수도 있겠지만, 이런 인사를 받으면 이방인들의 마음은 금세 따뜻해진다. 아마도 손님을 따뜻하게 대하는 라다키들의 진심이 담겨 있어서 더욱 그럴 것이다. 그래서 이방인들도 라다크에 머무는 동안에는 덩달아 "줄레줄레"를 입에 달고 다니게 된다.

에코 분야의 오래된 산실, 라다크 에콜로지 센터

힘겹게 라다크의 수도 레(Leh)에 도착한 다음 날, 그간의 강행군의 여파인지 약간의 두통 증세가 나타났다. 그래서 밀린 빨래와 일기를 정리하면서 꼬박 하루를 쉬면서 보냈다. 그리고 다음 날 아침부터 달려간 곳이 있었으니, 바로 '라다크 프로젝트'의 본부가 있는 '라다크 에콜로지 센터(LEDeG)'의 사무실이다.

이곳은 『오래된 미래: 라다

—— 라다크 에콜로지 그룹의 로고.

—— 영원한 스테디 셀러인 『오래된 미래』의 저자 헬레나 호지 여사의 근영.

크로부터 배우다(Ancient Futures: Learning from Ladakh)』(1991)라는 책의 고향집이다. 현재 30여 개국 언어로 번역되었고, 우리나라에서는 녹생평론사를 통해 동명으로 번역되어 현재까지 스테디셀러로 꾸준한 사랑을 받고 있는데, 바로 그 책의 산실이자 고향이다.

 이 책의 저자 헬레나 노르베지 호지(Helena Norberg Hodge, 1946~) 여사는 스웨덴의 인류, 언어학자로 학위논문을 쓰기 위해 1974년에 라다크를 처음 방문했다. 그리고 자연에 순응하며 살아가는 라다크 사람들의 문화에 매료되어 아예 이곳에 정착했다. 그 후 서구 문명의 유입으로 인해 라다크의 전통적인 생활 습관과 가치관이 붕괴되어 가는 모습을 안타깝게 지켜보게 되었다. 그러다 마침내 '레'를 거점으로 이른바 녹색환경운동을 일으켜서 '라다크

 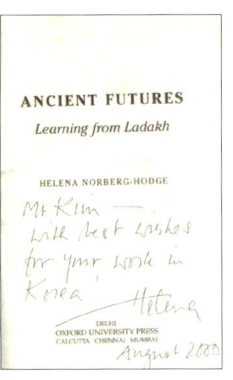 

―― 『오래된 미래(Ancient Futures)』(1992) 영문판 표지.

―― 헬레나 여사에게서 받은 사인(2000년 8월).

―― 『오래된 미래』, 녹색평론사(2001).

애콜로지 센타'를 설립하고 현재까지 지속 가능한, 그리고 라다크에 어울리는 환경운동을 펼치고 있다.

좀더 요약하자면 호지 여사는 세계적으로 붐이 일어나고 있는 이른바 '녹색환경운동'의 선두주자로서 자리매김한 인물이기도 하다. 이에 국제적인 인물들(달라이 라마 성하, 영국 찰스 왕세자, 인도의 인디라 간디 총리 등)로부터 관심과 지원을 받으며 1986년에는 대안적 노벨상이라고 불릴 정도로 권위 있는 '바른 생활상(Right Livelihood Award)'을 받기도 하였다.

나는 이 책의 저자인 헬레나 여사와는 오랜 인연이 있기에 그녀가 요즘은 여기 레에 거주하지 않는다는 사실을 이미 알고 있었다. 하지만 일단 사무실이라도 가서 그녀 대신 재단을 이끌어간다는 살라치왕(Salachiwang)과 에시톤둡(Yeshtondup)이라도 만나서 조그만 후원금이라도 전달하려고 옛 기억을 되살려 골목길을 찾아갔다. 역시 국제적 명성에 걸맞게 사무실의 건물은 증축되었으나 거부감을 일으킬 정도는 아니었고, 현재의 스텝들도 먼 해동의 방문자를 반갑게 맞이해 주었다.

불교적 녹색환경운동의 현재와 미래

나는 레 시내를 서성이다가 우연히 조그만 생태적 카페를 운영하고 있다는 일본인을 만났다. 그는 내게 아주 요긴한 인도 사람을 소개해 주었다. 릭젠 노르부 젠(Rigzen Norboo Zen)이란 이름의 티베트계 인도인이었다. 그는 환경 분야에 대한 굳은 사명감이 있는 실천가였다.

그래서 우리는 며칠 동안 몇 차례 만나서 녹색환경운동에 대해서 많은 이야기를 나누었다. 그중에는 몇 명의 이론가나 실천가들에 의한 환경운동만으로는 현대문명의 무차별적 공해로부터 지구촌을 되살리기에는 이미 너무 늦었다는 절망적인 결론에 도달하기도 했다. 하지만 그래도 지구촌 곳곳에서 묵묵히 보람 있는 활동을 하는 사람들이 적지 않다는 사실에 위안을 얻을 수 있어서 다행이었다.

나는 레 시가지 곳곳에 붙어 있는 예쁘고 화려한 색감으로 디자인된 환경보호 포스터에 관심을 두고 여러 곳을 다니며 사진을 찍기도 하였다. 역시 녹색환경도시의 선두주자답게 아이디어가 참신했다. 그 내용을 번역해 보면 라다크 행정당국도 역시 쓰레기 무단 소각으로 인한 공기오염에 가장 엄중한 벌금을 부과하고 있음을 알 수 있다.*

1. 쓰레기 투척: 1,000루피
2. 건설자재 폐기: 20,000루피
3. 단순 쓰레기 투기: 금지
4. 쓰레기 소각: 25,000루피
5. 침 뱉기: 500루피
6. 금지된 장소에서 세차: 500루피
7. 노상(야외) 배변: 1,000루피

과거 대부분의 종교들은 신앙의 문제뿐만 아니라 기타 사회적 당면문제에 대하여 뭇 중생들에게 갈 길을 제시하고 더 나아가 앞장을 섰던 때도 있었다. 그러나 언제부터인지 대부분의 종교들,

---

* 2025년 5월 기준으로, 인도 1루피(INR)는 우리나라 돈으로는 16.35원 정도이다.

특히 대승불교라는 모토를 내세우고 있는 한국불교의 경우, 시대적 화두를 놓아 버림으로써 오히려 세속에 끌려가는 느낌을 지울 수가 없다.

요즘 SNS에는 이른바 '종교무용론' 또는 '종교의 역기능'을 주장하는 담론이 많이 떠돌고 있다. 현생인류가 일찍이 경험해 보지 못한 '코로나 사태'를 거치면서 그 파급력이 적지 않았고, 앞으로도 그에 대한 담론의 본격화나 탈종교화 추세는 실제로 더 가속화되리라 예견하고 있다.

이런 상황에서 불교계가 유일하게 후한 점수를 받을 만한 일이 있다면 녹색환경문제에 대한 적극적인 활동을 꼽을 수 있다. 비록 종단 차원의 큰 행보는 아니고 일부 의식 있는 인사들과 몇몇 단체에서 벌이는 운동이지만 그것은 대단히 바람직하며 박수받기에 충분하다. 1992년 6월 3일부터 14일까지 브라질의 리우데자네이루에서 열렸던 '유엔환경개발회의(UNCED)' 이후 환경문제가 범지구적으로 나타나는 총체적 위기라는 의식이 확산되면서 국내에서도 1996년 6월 5일을 '환경의 날'로 제정하기에 이르렀다. 하지만 그 주된 동력이 불교계였다는 사실은 고무적이라 할 수 있다.[**]

[**] 정토회 에코붓다, 공해추방불교인모임, 두레생태기행, 사찰생태연구소, 맑고 향기롭게, 인드라망생명공동체, 불교환경연대, 조계종 환경위원회, 불교생태콘텐츠연구소, 국제기후종교시민네트워크, 세상과 함께 등등.

—— 레 시가지에 있는 녹색가게 '올가닉 라다크(Organic Ladakh Shop)'의 전경.

—— 국제적 환경도시로서의 위상을 보여 주는 '환경보호 7조 포스터'.

—— "줄레줄레"라는 인사말과 'Organic Ladakh'와 'No Plastic' 등이 쓰인 에코백.

—— "오직 우리 인간만이 자연이 받아들 일 수 없는 쓰레기들을 만들어 낸다."라는 글이 쓰인 에코백.

"불살생不殺生을 5계戒의 으뜸으로 하면서 불교의 사상, 전통과 청규, 그리고 모든 수행은 자연을 경외하고 생명을 모시고 살려온 역사였다. 불교의 일상적인 생명살림의 가르침과 전통이 오늘날 위기시대에 각별히 사회운동에서 주목받는 이유도 그것이다."*

내가 라다크에서 힘들게 가져온 에코백에는 다음과 같은 문구가 인쇄되어 있다. 우리 모두 더 늦기 전에 곱씹어 보아야 할 화두이리라.

Only we humans make waste that nature can't digest.
오직 우리 인간만이 자연이 받아들일 수 없는 쓰레기를 만들어 낸다.

---

*   유정길, 「한국불교 환경운동의 역사와 미래」, 계간 『불교평론』 82호 (2020년 여름호).

무스탕
찬란한 불교문화의 왕국

인터넷 검색창에 '무스탕(Mustang)' 또는 '머스탕'을 쳐보면 야생마, 포드 자동차, 양털 점퍼 등등이 튀어나오지만, 오늘 우리의 주제인 '무스탕'은 그 성격이 사뭇 다르다. 바로 히말라야산맥 속에 숨어 있는 고대 티베트 왕국을 뜻하는 것이기에….

어찌 보면 이곳은 인간으로서의 삶을 살아내기에는 너무 높고 그리고 너무 척박한 지역인지도 모른다. 그러나 만년설이 녹아 남쪽 사면으로 흘러내리는 크고 작은 물줄기들이 모인 드넓은 칼리간다키(Kali Gandaki) 강* 양안에 펼쳐진 초원지대에서는 예로부터 티베트 계열의 유목민들이 굳건히 뿌리를 내리면서 수준 높은 불교문화를 이룩하며 살아왔다.

---

* 수많은 골짜기에서 흘러내린 크고 작은 냇물이 모여 드넓은 칼리간다키(Kali Gandaki) 강이 되어 남쪽으로 흘러가는데, 암몬조개의 화석이 많이 출토되는 것으로 유명하다.

— 칼리간다키 강 유역에서 바라본 구름 속의 다울라기리와 닐기리 설산.

이 척박한 땅에서 수준 높은 불교문화를 이룩했던 한 고대 왕국, 이름하여 로(Ro) 왕국 또는 무스탕(Mustang) 왕국. 이 왕국의 기원은 14세기로 소급해 올라간다. 한때 중앙아시아의 패자였던 토번吐蕃 제국이 붕괴하면서 오랜 분열시대가 도래한 시기인 1380년, 아메 팔(Ame Pal)이란 왕족의 후손들이 칼리간다키 유역으로 내려와 주변을 통합해서 소왕국을 세웠다. 그리고는 티베트 불교 싸캬빠(Sakyapa)의 고승 고르첸 꿍가를 초빙하여 정교일치의 왕국의 기반을 닦았다. 그리고 점차로 강의 하류까지 영토를 확장하면서 티베트 본토와 인도 간의 중계무역으로 번영을 누렸다.

그러나 18세기 후반 네팔에 강력한 고르카 부족이 세운 샤(Shah) 왕조가 국토를 넓혀 나갈 때 로 왕국도 점령되면서 네팔권으로 편입되었다. 하지만 독립적인 자치왕국의 지위는 보장받아 내려왔다. 그러다가 2008년에 이르러서는 무스탕 왕정체제가 폐지되면서 네팔의 행정구역으로 편입되어 버렸다.

그러나 왕족의 후예들은 네팔의 암묵적인 비호 아래 지금도 무스탕의 실질적인 주인 노릇을 하고 있다고 한다. 그리하여 지금까지도 '은둔의 땅' 또는 '금단의 땅'이었던 옛 왕국으로서의 지위는 유지되고 있어서 신비스럽게 보이는 무스탕을 버킷리스트에 올려놓은 호사가들이 많다. 그들은 여행사를 통해 허가를 받은 다음, 가이드와 동행해서 입경이 가능하게 되었다.

무스탕의 젖줄 대하 칼리간다키

포카라에서 새벽에 출발하는 로컬버스를 타고 바굴룽(Bagulung), 베니(Beni)를 지나 반나절 정도 험한 비포장도로를 지그재그로 힘들게 협곡을 지나 올라가면 갑자기 시야가 열리며 믿기 어려울 정도로 드넓은 큰 강 유역이 눈에 들어온다. 바로 대하 칼리간다키이다. 여기서 대하大河라고 표현한 것은 그만큼 장대하고 스펙타클한 강이기 때문이다. 장마철 외에는 강물이 별로 없지만, 강 유역은 놀라움을 금치 못할 정도로 광활하다. 더구나 강변 오른쪽에서는 닐기리, 안나푸르나 같은 거대한 설산을, 왼쪽에서는 장대한 다울라기리 설산을 한눈에 조망할 수 있어서 더욱 그러하다.

무스탕 지역은 흔히 상·하로 나뉘는데, 이웃 지역이면서도 민족과 종교와 언어 그리고 생활관습이 완연히 다르다. 우선 우리가 그냥 무스탕으로 알고 있는 상 무스탕(Upper Mustang)은 티베트와의 국경지대부터 만탕과 짜랑(Tsarang)을 중심으로 한 윗지방을 가리킨다. 원주민들은 티베트계 혈통의 사람들로서 스스로를 로바(Lobas)라고 부른다. '로(Loh) 왕국의 사람'이란 뜻이다. 원래 로는 그냥 남쪽을 의미하는 단어지만 의역하면 그들의 조상이 북쪽 창(Chang)에서 왔다는 의미를 포함하고 있다.

반면 하 무스탕(Lower Mustang)은 로 왕국의 관문인 까그베니

— 무스탕의 젖줄인 칼리간다키 강의 장대한 모습.

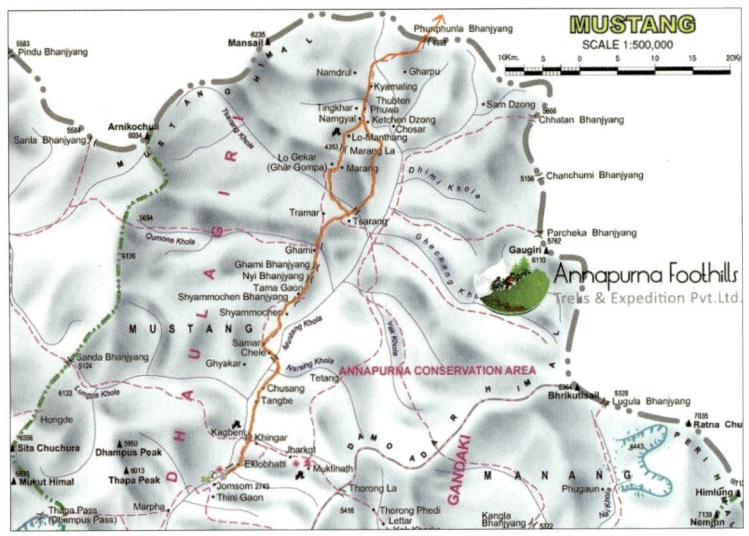

—— 상·하 무스탕 지도.

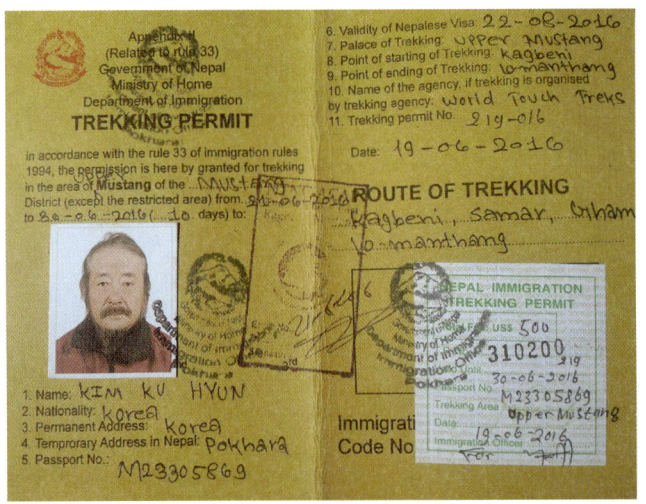

—— 적지 않는 비용을 들여 여행사를 통해 받은 'Mustang Trekking Permit'.

(Kagbeni)에서 남쪽으로 좀솜, 마르파, 툭체, 가사(Ghasa)까지의 칼리간다키 하류 지역을 가리키는데, 원주민들은 위의 로바와 다른 네팔계의 타깔리(Thakalis)족이 대부분이다. 이들은 대대로 옛 무역로를 무대로 활동하던 대상들이다. 하지만 교역로가 쇠퇴해지자 음식점, 숙박업, 카페 등으로 직업을 전환하거나 아예 남쪽으로 이주하여 네팔권으로 편입하기 위해 이름도 네팔식으로 바꾸고 종교도 힌두교로 개종을 하는 과정에 있다.

로만탕의 기후와 사람들

기원의 평원(Plain of Aspiration)이라는 뜻을 가진 만탕 또는 로만탕은 옛 로 왕국의 수도였다. 흙벽으로 둘러싸인 요새형 성벽 안에는 왕궁을 비롯하여 4개의 사원과 민가가 좁은 골목들과 배수로로 서로 연결되어 있다. 이곳 성안 사람들은 스스로 로바(Lobas)라는 명칭을 즐겨 사용한다. 말하자면 촌사람과 구별되게 서울사람이란 자부심이 배어 나오는 이름이리라.

만탕의 기후 조건은 가혹하다. 겨울에는 매우 춥고 바람이 강하고 여름에도 강수량이 적어 건조하며 산소가 희박한 고산지대의 특징대로 일교차가 심하다. 해가 뜨면 덥고, 해가 지면 바로 추워진다. 이들은 물길을 끌어서 이용할 수 있는 강 유역에 감자,

옥수수, 보리, 메밀, 채소 같은 농작물을 재배하여 먹거리를 해결하며, 또한 야크, 죠(Dyo),* 물소, 염소, 닭 등을 비롯한 가축을 기르고, 그들의 똥은 말려 요긴한 땔감으로 사용하여 근근이 살아간다.

무스탕의 주민들은 지금도 대략 4계급으로 분류되는 신분제를 지키며 살고 있다. 왕족들과 일부 세습 귀족들, 승려, 상인, 자영농, 임차농, 기타 잡노동자들 그리고 왕국에 소속된 관리들은 예부터 세습되어 내려온 신분에 따라 각자의 본분을 다하며 살아간다.

또한 이들 로바들은 예부터 장남 상속제를 기본으로 한다. 만약 아들이 세 명이라면 장남이 집과 재산을 상속받아 노부모를 부양하는 의무를 지게 되고, 둘째(또는 자원자)는 승가에 출가하고, 셋째 이하는 집에 남아 가업을 돕는다.

또한 지금도 일처다부제一妻多夫制가 불문율처럼 지켜지고 있다. 말하자면 큰아들이 자손을 낳을 부인을 얻어서 필요에 따라 형제가 공유한다. 그래서 그들 사이에서 태어난 아이들은 큰아들

---

*   숫야크와 암소(물소)와의 사이에서 태어난 가축이다. 야크 뿔이 뒤로 휘어져 있는 반면에 죠의 뿔은 앞으로 휘어져 있다. 이 선량하고 착한 죠는 소량의 사료를 먹지만 털이 적어 무더위를 잘 견디고 또한 추위에도 강하고 무엇보다 짐 운반과 농사에 요긴한 일꾼이다.

만을 아버지라 부르고 나머지는 그냥 삼촌이라 부른다.

무스탕 불교의 주류 싸캬빠

지금도 네팔은 힌두교가 국교였던 탓으로 대부분 힌두교가 우세하지만, 반면 무스탕은 티베트 불교 일색이다. 그중에서도 특히 싸캬빠(Sakyapa)**가 주류를 이룬다. 그래서 곳곳에서 이 종파의 상징물인 '삼색문양'을 볼 수 있다.

싸캬빠는 티베트 4대 종파 중의 하나로, 티베트 본토의 싸캬라는 지방에서 쿤씨족에 의해 창건된 씨족 종파다. 이들은 문수, 관음, 금강을 의미하는 홍, 백, 흑색을 사용하기 시작하면서 상징적 문양으로 자리를 잡았다. 이 종파는 13세기에 몽골족이 세운 원元 나라를 등에 업고 싸캬 정권을 세워 설역고원을 통치하였는데, 특히 고려 때의 충선왕忠宣王은 이 지역에서 3년간 귀양살이를 했다고도 한다.

이 인적 드문 한적한 로만탕이 인파로 북적일 때가 있다. 바로 구루 린뽀체의 기념일에 거행되는 띠지(Teeji) 축제인데, 그때가

◇◇◇◇◇◇

** 싸캬빠(薩迦派, 花敎)는 1073년에 창건된 티베트 불교 4대 종파의 하나로 본사인 싸캬 사원 담장에 홍, 백, 흑색의 세 가지 색깔을 칠하여 상징적 문양으로 쓴다.

되면 초디(Chyodi) 곰빠나 왕궁 앞 광장에는 크기가 5m×10m나 되는 대형 탕카(Thangka)가 내걸리고 가면을 쓰고 추는 춤인 참(Cham)을 추는 거창하고 인상적인 축제가 열린다.

4백 년 된 이 탕카는 우리처럼 물감으로 그린 것이 아니라 천에 수繡를 놓은 태피스트리 형식이다. 구루 린뽀체를 중심으로 좌우보처 보살, 각종 신장들을 수놓아서 두루마리 족자 형태로 만들어 보관한다. 필요한 때가 되면 괘불대掛佛臺에 걸어 놓고 법회를 하는데, 무스탕 최대의 볼거리를 연출한다.

이외의 불교적 볼거리로는 구루 린뽀체와 아티샤 존자의 체취가 남아 있다는 랑충 곰빠, 로게까르의 가르 곰빠, 남걀 곰빠, 루리 곰빠 등의 불교 유적이 산재해 있지만 교통편의 열악함으로 순례자들은 대부분 아쉬움만 남기고 발길을 돌릴 수밖에 없다.

순례자의 체취를 따라

그런데 내가 갑자기 이 어려운 '무스탕 행'을 마음먹은 계기는, 카트만두에 있는 보우드나트(Boudhanath) 대탑을 방문했을 때, 거기서 일본의 유명한 순례승인 '가와구치 에카이'(河口慧海, 1866~1945)의 체취를 맡고 나서 갑작스레 역마살이 발동하여 순례길을 떠날 마음을 굳힌 것이다.

— 마치 외계의 혹성같이 인상적인 무스탕의 붉은 땅.

— 초세르 지역의 수행 토굴들.

—— 로만탕의 시가지 안내판.

—— 무스탕에서 타깔리족이 운영하는 카페와 롯지.

물론 무스탕 계곡은 대설산을 사이에 둔, 티베트와 네팔 사이에 위치한 협곡으로 외계적이고 인상적인 경치가 유명하지만 이번 순례길에선 그런 시각적인 경치는 차치하고 무엇보다 그 길에 남겨진 순례자들의 체취를 맡아 보고 싶은 마음이 앞섰다. 그래서 서둘러 여행사를 통해 허가증을 받고 포카라를 떠나 무스탕 입구의 거점도시인 좀솜(Jomsom, 2,720m)으로 출발하였다. 왜냐하면 무스탕 일원은 겨울철에는 교통편이 끊어진다는 것을 알고 있었기 때문이다.

이 계곡길을 통과하여 티베트 고원으로 입국한 순례자로 먼저 빠드마삼바바(Padmasambhava, 蓮華生)를 꼽을 수 있다. 바로 티베트 불교권에서는 '샤캬모니 붓다'보다 더 비중이 큰 인물이다. 물론 실증적인 불교사적으로는 생몰연대와 행적이 다소 모호하긴 하지만, 아무튼 설역고원에 인도 후기불교를 처음 전파하였기에 현재도 현지인들에게 대단한 추앙을 받으며 '구루 린뽀체'라고 불리고 있다.

그러나 강력했던 토번 왕국이 분열되며 오랜 암흑기에 들어서면서 불교문화의 십자로 역할을 했던 무스탕 왕국도 오랜 세월 역사의 뒤안길로 들어가 버렸다. 근래에 들어와서도 지정학적 요인과 인접 국가들의 입국 금지 조치로 신비의 베일은 걷히지 않았다가 요즈음 티베트를 합병한 중국과 네팔, 인도의 정치적 상

── 싸캬빠 사원 특유의 삼색 담장.

── 싸캬빠 특유의 커다란 삼색 스투파.

황에 따라 제한적으로 '풀렸다, 잠겼다'를 되풀이하고 있기에, 이곳은 지금껏 '금단의 왕국'이라는 호칭이 떠나지 않고 있다. 그 여파로 여행사를 통해 가이드를 대동하는 조건 등 꽤 까다롭고 비싼 허가증을 받아야만 순례 내지 관광이 가능한 구역으로 남아있다.

물론 이런 금단의 기간에도 목숨을 담보로 한 탐험가와 순례자들이 아주 없었던 것은 아니었다. 1759년에 이탈리아의 지우세페(Da Gargnago Giuseppe) 신부가 바티칸으로 보낸 편지에서 최초로 무스탕에 대한 기록이 보인다.

> "산을 넘어 걸어가면 위대한 티베트 왕국 무스탕에 이른다. 이 왕국은 라싸(Lhasa)로부터 독립해 있으며…"

또한 영어로 된 문헌 중에서는 1793년에 영국인으로서는 처음으로 네팔을 방문한 커크패트릭(Kirkpatrick)의 무스탕 기록이 보인다.

> "베니(Beni)에서 곧장 북쪽으로 가면 묵티나트(Muktinath) 성지가 나온다. 그곳은 간다키 강에서 반 마일 정도 떨어져 있으며 주민들이 신성시하는 화석돌이 강바닥에서 많이 발견된다. 강의 발원지는 북쪽에 있는 무스탕이며 까그베니에서 멀지 않다."

──── 싸캬빠 승려들이 추는 가면춤 참 댄스.

    19세기 후반 이후 무스탕에 들어간 외국인으로서 가장 널리 알려진 인물은 인도인 학자 찬드라 다스(Chandra Das, 1849~1917)이다. 그는 인도의 영국 식민지 당국이 1860년대부터 티베트에 파견하기 시작한 첩자들인 이른바 '빤디뜨(Pundits)' 중의 한 명으로, 1879년 무스탕을 거쳐 티베트로 잠입하여 수많은 정보를 수집하여 귀국하였다. 그는 이후 다르질링의 학교장을 지내면서 티베트에 관한 4권의 책과 『티베트어-영어사전』, 『티베트어 문법』을 저술하였다.

    1951년부터 1960년까지 9년간은 무스탕을 경유한 티베트로의 외국인 입국이 허용되기도 했는데, 이 시기에 토니 하겐, 지우세

── 띠지축제에 '세계평화를 위한 기원법회'라는 주제로 대형 탕카를 내걸었다.

페 투치, 스넬그로브 같은 학자들이 무스탕에 입국하여 나름대로의 학문적 성과를 얻었다. 그러나 1960년 이후부터는 다시 외국인의 출입이 금지되었고, 이 금지령은 1991년까지 계속되었다.

가와구치 에카이(河口慧海) 기념관

그 와중에 금단의 땅에 이외의 인물이 등장한다. 바로 일본의 순례승 '가와구치 에카이'이다. 일본에서는 우리의 혜초慧超 스님에 비견되는 탐험가이자 황벽종黃檗宗 승려로 『티베트에서 3년(西

── 넓은 칼리간다키 강 유역을 중심으로 오른쪽으로는 안나푸르나, 닐기리, 투크체 설산이, 왼쪽으로는 다울라기리 설산이 광활하게 펼쳐진다.

藏旅行記, *Three Years in Tibet*)』이란 무게 있는 여행기의 저자로 널리 알려진 인물이다. 그는 일본, 중국, 한국에는 없는 불경을 구해 오겠다는 발원을 세우고 1897년 6월 하순 일본을 떠나 싱가포르를 거쳐 인도의 캘커타에 도착한다. 바로 우리의 혜초스님이 도착한 동천축국東天竺國 바로 그곳이다.

그리고는 인도 북부 다르질링으로 올라가서 그곳에 거주하고 있던 인도인 선배 탐험가 '찬드라 다스'에게서 1년 5개월간 티베트어를 배운 뒤, 1899년 1월 중국(몽골) 승려로 위장하여 네팔로 들어가 카트만두, 즉 보우드나트에 머무르면서 티베트로 들어가려는 만반의 준비를 하였다.

그러나 당시 티베트와 중국은 외국인들의 입국을 금지하고 있었기 때문에 일반적인 루트로는 티베트 입국이 불가능했다. 그래서 서북쪽의 오지를 통해 우회하는 방법을 찾아내서 그해 3월 초순 카트만두를 떠나 포카라를 거쳐 무스탕 계곡을 따라 올라가며 때를 기다리다가 마침내 티베트로 밀입국하는 데 성공하였다.

그리고 세계 4대 종교의 최고의 성산으로 꼽히는 카일라스(St. Kailash) '꼬라'를 완주하고 드디어 라싸에 도착하여 최대의 총림인 세라(Sera) 대사원에서 1년 넘게 불경을 공부하다가 신분이 발각되는 위기에 처하자 몰래 라싸를 빠져나와 이번에는 시킴(Sikkim) 왕국 쪽의 국경을 넘어 인도령 다르질링으로 내려와 귀국하였다.

—— 보우드나트 대탑 순례로에 있는 가와구치 에카이의 기념물.

—— 라싸 세라 대사원에서 수학할 때, 겔룩빠 승려로 변신한 가와구치 에카이.

—— 칼리간다키 강 유역에서 흔히 발견되는 고대 암모나이트 조개 화석.

—— 가와구치가 저술한 티베트 여행기 『티베트에서의 3년』 일본어판, 영어판 표지.

그리하여 그는 네팔과 티베트에 들어간 최초의 일본인으로 이후 '티베트학'의 개조가 되었다. 지금도 무스탕 입구의 큰 도시인 좀솜의 무스탕박물관에는 그의 자료들이 전시되어 있고, 마르파(Marpha) 마을에는 그가 머물렀던 우거가 보존되어 있다.

이렇듯 그의 체취가 남아 있는 마르파 마을은 티베트식 전통의 돌담과 돌집이 아름다울뿐더러 사과 산지로도 유명하다. 아마도 높고 건조한 고산지대에서는 유일한 곳이어서 나는 며칠 틈이 나면 마르파에 와서 사과로 만든 특산품인 애플파이, 애플쥬스, 애플브랜디를 즐기면서 머릿속으로 그의 행로를 따라가 보기도 하였다.

내가 1993년 라싸에 처음 들어가 티베트대학에서 1년간 머물며 티베트학을 연구했던 때도, 1995년 처음 카일라스산을 순례할 때도 모든 것이 그렇게 어렵고 힘들었었는데, 하물며 한 세기 전 상황은 어떠했었을까? 이런 생각을 하면 할수록 한 구도자의 절절한 구도심에 저절로 머리가 숙여질 뿐이다. 그가 일본인이라면 어떻고 또 밀정노릇을 좀 했으면 어떠리…

── ❶ 가와구치가 3개월간 머물렀던 마르파 마을의 집 앞에서.
── ❷ 투크체 마을의 가와구치 기념관.
── ❸ 사과가 주렁주렁 익어가는 아름다운 마르파 마을의 전경.
── ❹ 사과를 옥상 건조대에서 말리는 풍경.
── ❺ 마르파 마을의 아름다운 골목길.
── ❻ 마르파 마을 입구의 티베트식 출입문.

카트만두의 장엄한 수레 축제

카트만두에서는 매년 네팔 달력으로 마지막 달인 차이트라(Chaitra)의 말일경에 유서 깊은 기우제祈雨祭 성격의 축제가 열린다. 2023년에는 반드시 참석하려고 몇 번씩이나 날짜를 확인하고 포카라에서 야간버스를 타고 카트만두로 향했다.

그해의 축제는 양력 3월 29일부터 3일간 카트만두의 명물 시장인 아산(Asan) 근처에 위치한 자나바할(Jana Bahal) 사원에서 시작되었다. 카트만두 인근에서는 큰 수레를 끌고 시내 곳곳을 행진하는 거창한 '라트(Rath)' 축제가 몇 개 열리고 있었다. 그중 '세토 마친드라나트

── 자나바할 사원 지도.

자트라(Seto Machindranath Jatra)'는 불교 쪽 시각으로 보면 대단히 흥미로운 축제라고 할 수 있다. 왜냐하면 이 축제의 또 다른 명칭인 '아르야바(하얀) 로께스바라(Aryava Lokeshwara)'라는 말에서 보듯이 관음보살이 주인공이기 때문이다.*

관음보살로 변용한 쉬바

내가 이 축제를 눈여겨보는 데는 몇 가지 이유가 있는데, 그중 첫 번째는 네팔에서 힌두교와 불교가 어떤 연결고리를 이루며 공존해 왔는가라는 화두와 연결되어 있다. 마친 축제는 분명히 힌두교 고유의 자트라(Jatra)인데, 언제부터인가 불교적 냄새를 풍기기 시작했다. 이른바 종교 간의 변용變容이 일어난 것이다. 이 축제의 주인공이며 비의 신 마친드라나트를 슬며시 로께스바라(Lokeshwara), 즉 관음보살(Avalokiteshvara)로 대체한 것이 바로 그것이다.

전해 오는 전설에서 과감하게 곁다리를 쳐내고 나면 힌두교에서 가장 영향력이 있는 '로드 쉬바(Lord Shiva)'가 '비의 신'이란 역할

---

* 일명 '자나바하 됴(Janabaha Dyo)', '아르갸(백색) 아발로끼데스바라(Argya A.)', '아르야바(백색) 로께스바라(Aryava Lokeshwara)', '까루나마야(Karunamaya)'라고도 부른다.

로 관음보살로 변용된 것이다. 고대에는 브라만교, 불교, 힌두교 간의 변용이 빈번했지만* 중세 이후에는 그런 사례를 찾아보기 어렵다. 그런 점에서 여전히 살아 있는 '하얀 관음의 거리축제'가 갖는 의미는 크다고 볼 수 있다.

고행승의 아이콘인 쉬바가 젊은 시절에 유랑을 하며 명상 수련을 하던 때였다. 당시 쉬바는 로께스바라라는 구루(Guru)를 만나 비전의 술법을 전수받았다. 그런데 이를 자랑하고 싶었던 쉬바는 부인 빠르바띠(Parbati)에게 자랑하고 말았다. 한편 제자가 혹시 천기를 누설할지로 모른다고 생각했던 스승은 물고기로 변신하여 감시하고 있었다. 그런데 누군가가 듣고 있을 것이란 낌새를 챈 쉬바가 "누구든지 내 말을 엿듣는 자가 있다면 저주를 내릴 것이다."라고 하자 이때 물고기로 변해 있던 스승이 나타났다. (중략) 이에 쉬바는 스승과의 약속을 깨고 스승에게 저주를 내린 것에 대하여 무릎을 꿇고 용서를 빌었다고 한다.

◇◇◇◇◇◇

* 그러나 불교사적 시각으로 보면 이미 쉬바는 힌두교의 많은 신들과 같이 마헤슈바라(Maheśvara)라고 하는 신격으로 불교에 수용되어 대자재천大自在天 또는 자재천自在天이 되었다. 이는 우주를 생성하고 유지하고 파괴하는 커다란 능력이 있는 신인데, 불교의 판테온으로 들어온 것이다.

―― 자나바할 사원의 삼존불상. 중앙의 석가상 이외의 좌우협시 보살상은 역시 힌두교의 영향을 많이 받았다.

―― 아산(Asan) 시장 근처 자나바할 사원의 정문 처마 밑에는 황동으로 만든 티베트 불교의 중요한 아이콘인 '팔길상八吉祥(Tashi Tag-gye)' 문양이 장식되어 있다.

—— 자나바할 사원 경내에 있는 사면석불상四面石佛像.
힌두교의 영향을 받았음을 알 수 있다.

─── 자나바할 사원 뒤편에 자리 잡은 야외무대. 하얀 관음상이 꽃단장을 하고 있다.

─── 자나바할 사원에 모셔져 있는 하얀색의 마친드라나트(관음보살) 소상.

다시 한번 위 설화를 정리해 보면, 이미 힌두교 판테온(pantheon)에서 쉬바는 힌두 3신의 한 명으로 매우 중요한 신이었다. 하지만 중세 농경국가에서는 제때 비를 내리게 하는 것이야 말로 매우 중요한 신의 덕목이었다. 이에 쉬바는 이 역할마저 맡아서 물고기를 의미하는 '마츠야(Matsya)'에서 '마친드라나트'라는 화신(Avatar)으로 변하여 메이저 신으로서의 자리를 지켜냈다는 의미로 해석할 수 있다.

지역 축제로 정착한 거대한 수레 축제

카트만두 분지에서 거창한 수레 축제의 원조는 고도 빠탄(Patan)에서 열리는 '라토(Rato:Red) 마친드라나트 자트라'인데, 이것이 '붉은 수레 축제'이다. 이어서 오늘의 주인공 '하얀 수레 축제'가 생겨났고, 나아가 또 다른 2개의 마을인 초바르(Chovar)와 나라(Nala)까지 총 4개의 축제로 늘어났다.

물론 모종의 필요에 의하여 또한 약간의 차별화도 자연스럽게 생겨났을 것이다. 말하자면 종주격인 빠탄 지역이 붉은색으로 신상을 치장하여 '비의 신' 역할을 하게 한 반면에 카트만두는 흰색으로 신상을 치장하여 '장수의 신' 역할을 담당하게 했다. 또한 다른 두 곳의 후발주자들인 초바르(Chovar)에서는 붉은색으로 칠하고 '아난디 로께스바라(Ananddi L.)'라고 부르며 '질병을 다스리는 신' 역할을 강조하고 있고, 네 번째로 나라(Nala)에서는 흰색으로 칠하고 '스리스티칸타 로께스바라(Sristikanta L.)'라고 부르며 '창조의 신' 역할을 강조하는 식이다. 일년 중 절반 이상의 날을 흥겨운 축제를 벌이는 네팔이란 나라이기에 이런 종교 간의 변용에 따른 전설 또한 자연스럽게 생겨난 것으로 보인다. 간략히 살펴보면 아래와 같다.

> 네팔의 중세 말라(Malla) 왕조의 야크샤(Yakshya) 왕 때이다. 당시 사람들은 신성한 강에서 목욕하고 스얌부나트(Swayambhunat) 대탑을 참배하고 그곳에서 기도하면 사후에 천국으로 간다고 믿었다. 이에 죽음의 신 야마라지(Yamaraj)도 대탑을 방문하였다. 때마침 공교롭게도 야크샤 왕과 그의 딴뜨릭 구루(Tantric Guru)에게 붙잡혀 감금 상태가 되었다. 할 수 없이 야마라지는 '아라야 관음(Arya A.)'에게 도움을 청하였다. 이에 관음보살이 물에서 나타났는데, 하얀 몸에 눈을 반쯤 감은 상태였다. 그렇게 등장한 관음보살의 중재로 사태는 원만하게 해결되었다. 단 조건이 하나 있었는데, 두 강이 교차하는 곳에 사원을 짓고 신이 수레를 타고 돌아다니며 중생들을 축복할 수 있도록 해마다 성스러운 라트 축제를 열도록 하라는 것이었다.

── 자말 거리에 도착한 하얀 관음을 태운 거대한 라트를 에워싼 엄청난 군중.

—— 삭발한 힌두 사제들이 하얀 로께스바라상을 작은 가마에 태우고 좁은 골목을 행진하고 있다.

여기서 내가 눈여겨보는 첫 번째 대목은 티베트 불교를 상징하는 딴트릭 요기가 왕과 같이 나타나 야마라지를 사로잡았다는 대목과 그를 구하고자 아발로끼데스바라, 즉 관음보살이 나타나 사태를 수습했다는 상황 설정이다. 이는 딴트릭의 세력이 기존 힌두이즘을 위협하는 세력으로 증가했다는 것을 의미한다. 두 번째로 눈여겨볼 대목은 딴트릭 불교에서 관음의 변용인 따라보살(Tara B.)이 다시 하얀색과 녹색으로 분리되면서 힌두교에서도 하얀 로께스바라가 생겨나는 변용 현상이 일어났다는 사실이다. 이는 불교사적으로도 분수령으로 꼽을 수 있는 상황이다.

―― 스포트라이트를 한몸에 받는 귀여운 민속악대들.

3일간 계속되는 하얀 수레 축제

이 축제는 아산 시장 근처 자나바할에서 시작된다. 이 사원에 모셔져 있는 마친 신상은 평소 때는 하얀 얼굴과 발만 보일 뿐 다른 부분은 모두 옷과 보석으로 가려진 채 중생들의 뿌쟈(Puja)의 대상이 되고 있다. 그러다가 축제일이 다가오면 불교식으로 삭발한 힌두 사제들에 의해 찬물, 뜨거운 물, 우유, 버터, 꿀로 정성스럽게 목욕재계沐浴齋戒를 거친다. 그리고 축제 당일이 되면 작은 수레에 옮겨져 수많은 악대들의 인도 아래 산스크리트대학이 있는 구 왕궁거리인 자말(Jamal)이란 곳으로 이동하여 거대한 라트(Rath)로 옮겨진다.

　높이가 약 35피트에 달하는 뾰족한 시카라(sikhara)형 수레를 '라트'라고 부른다. 이 수레는 쇠못을 전혀 사용하지 않고 약 300개의 나뭇조각을 베다 끈으로 묶어서 수레의 본체를 만들고 노간주 나뭇잎으로 전체를 장식한다. 2층에는 방을 만들어 그곳에 축제의 주인공인 하얀 관음상을 모시고, 사방은 황동색의 수호신 사천왕상으로 장엄한다.

　이 라트는 4개의 나무 바퀴에 의해 움직이는데, 정면에 달린 긴 나무 봉에 매여 있는 로프를 수백 명의 사람들이 끌어서 앞으로 나아간다. 동력을 전혀 사용하지 않고 인력으로만 움직이는 이 거대한 수레 행진은 세계 어느 곳에서도 볼 수 없는 일대 장관이다. 하지만 수레 앞뒤에서 분위기를 돋우는 '구르주야 팔탄(Gurjuya paltan)'이란 네팔 왕국의 전통 군악대와 카스트별로 구성된 수많은 악단들의 행렬과 그들이 연주하는 요란한 소리도 일대 장관이다.

　무엇보다 직, 간접적으로 축제에 참여하는 수천 명의 군중들이 만들어 내는 열기야말로 엄청난 매력이다. 깔려 죽을 각오를 감수하고 행렬에 끼어들었는데 "우와 정말 굉장하다!"라는 감탄사가 절로 튀어나왔다.

— 하얀 라트 축제의 바퀴 앞에서.

— 빨간 라트 축제의 바퀴 앞에서.

세계 최대의 불탑
보우드나트

지난 10년 동안 네팔에서 나의 발길이 가장 많이 머물던 도시는 수도 카트만두와 나의 학교가 자리 잡고 있는 안나푸르나의 거점도시인 포카라일 것이다. 나아가 한 곳을 더 꼽으라면 주저 없이 '보우드나트'라고 대답할 것이다.

나는 그동안 정신 차리기 어려울 정도로 혼잡한 카트만두 방문은 가능하면 피해 왔다. 물론 꼭 필요한 용건이 있을 때는 예외였지만 말이다. 예를 들면 포카라에는 없는 미술 재료들을 구하는 일이나 또는 후원자들이 네팔에 들어올 때는 어쩔 수 없이 공항까지 마중을 나가야 한다. 이 경우에도 시간과 돈을 아끼기 위해서 포카라에서 야간버스를 타고 카트만두 버스터미널에 이튿날 새벽 5시 정도 도착하는 일정으로 움직인다.

그런데 이때가 어중간한 시간이어서 카트만두 전역에서 새벽에 깨어 있는 유일한 장소인 보우드나트로 가게 마련이다. 그리고

—— 한 세기 이전의 보우드나트 전경.

는 엄청난 숫자의 '꼬라(Kora)' 인파(탑돌이 하는 사람)에 섞여서 대탑 주위를 따라 돈다. 그리고 길가의 노점 카페에 자리를 잡고 앉아 '소금 짜이'를 몇 잔 마시는 것으로 카트만두의 일과를 시작하곤 한다.

우주의 경계를 여는 진언 '옴(ॐ, Oṃ, 唵)'

보우드나트는 '세계 최대의 탑'이라는 이름값을 하듯 이곳에서 맞이하는 새벽은 늘 현란하고 장엄하다. 내가 대탑에 도착하는 시간은 우리식으로는 '묘시卯時'이고, 티베트식으로는 '시간의 수레바퀴[時輪]'인 '깔라차크라'가 가속도가 붙어 지구의 운행이 활발해지는 시간이라 우주적 에너지 파동이 최고조에 이를 때여서 모든 것이 깨어나는 시간대이다.

거대하고 하얀 돔형 스투파에 얹힌 뾰족한 투구 모양의 금빛 상륜부 위에서부터 점차 햇빛이 비쳐 내려오면서 이윽고 사각형 탑신부에 그려진 '지혜의 눈' 또는 '쉬바의 눈(Lord Shiva's eye)'에 햇빛이 닿으면 온 우주가 미세하게 진동을 하는 듯 하늘과 땅이 동시에 '옴(ॐ, Oṃ, 唵)'이란 소리를 토해 낸다. 그러면 대탑 여기저기

—— 어둠 속에서도 깨어 있는 보우드나트.

에 매달려 있는 수천수만의 오색 깃발 '다르촉'이 간밤의 이슬을 털어내듯 가볍게 휘날리고, 이에 다시 화답하듯 수천수만 마리의 비둘기가 새벽하늘로 날아올라 대탑을 선회하는 장관을 연출하곤 한다.

이때 수천수만의 순례객들도 환희에 차올라 "옴 마니 반메 훔"이란 만트라(Mantra)를 염송하면서 탑돌이를 계속한다. 바로 우주의 경계를 여는 진언이며 자비의 화신인 아발로끼테스바라(Avalokiteshvara)의 염원이 깃든 소원 주문이다. 이처럼 가슴 깊숙한 곳에서 영혼의 모음이 울려 퍼지게 만드는 보우드나트의 새벽은 영성적 에너지의 충전소이다.

깨달음의 사원 보우드나트 스투파(Boudhanath Stupa)

이 대탑은 카트만두 중심지에서 11km 떨어진 북동쪽 외곽에 위치하고 있는데, 스얌부나트 사원과 함께 카트만두의 대표적인 불적지로 1979년 세계문화유산에 등재되었다. 2015년 대지진으로 파손된 것을 국제적 후원의 손길에 의해 거의 원상태로 복원하였다.

대탑의 원래 이름은 '보우다(Bodha)+나트(nath)', 즉 '깨달음의 사원'인데, 현지민들은 그냥 '보우더'라고 부른다. 그래서 택시나 버

—— 꼬라삼매에 빠져 돌고 도는 순례객들.

—— 대탑의 높은 상륜부에 올라가 '안꼬라(Inner-Kora)'를 돌고 있는 티베트 순례객들.

—— 2015년 지진 후 보수 작업을 하고 있는 보우드나트 대탑.

스를 타고 그냥 간단하게 "보우더 보우더" 하면 알아서 데려다 준다. 전체적인 탑의 형태는 공을 반으로 자른 아쇼카식 돔형 스투파를 기본으로 하였지만, 시대를 거쳐 오며 티베트 불교적 우주관을 구현하는 '입체적 만다라'로 점차 변천한 것으로 보인다.

우선 순례객들이 4개의 대문을 통해 경내로 들어가면 원형 순례도巡禮道에 설치된 '마니꼬르'를 돌면서 대탑 주위를 한 바퀴 돌게끔 설계되어 있다. 앞사람을 따라 또는 뒷사람에 밀려 그냥 걷다 보면 자연스럽게 시계방향으로 돌게 된다. 세 바퀴 정도를 돌다 보면 이곳저곳을 돌아볼 수 있는 여유가 생기면서 높이 38m나 되는 거대한 대탑의 구석구석이 눈에 들어온다.

이 대탑의 조성 배경에는 여러 가지 설이 있다. 첫째로 힌두교적인 배경으로 기우제 성격의 '이슬의 탑(Khaasti Chaitya)'이라는 설이 있고, 두 번째로는 이곳의 원주민들인 티베트인들이 믿는 '거대한 탑(Chorten Chempo)'이라는 설이 있다. 이는 바로 옛 토번 왕국의 영걸 송첸캄포(581~649) 왕의 조성설이다. 세 번째는 옛 '리차비(Licchhavi) 왕조 조성설'인데, 나는 이 마지막 설을 지지하는 편이다. 내가 『네팔의 역사와 문화산책』(2019)*을 쓰기 위해서 오리

---

* 『네팔의 역사와 문화 산책』 중 제4부 '히말라야를 넘는 니번고도'에서는 대설산 히말라야의 공망라모(Gongtang Lamo) 고개를 넘는 옛길인 니번고도를 탐험한 내용이 실려 있다. 이 길은 네팔에서 설역고원을

—— 로드 쉬바의 눈 아래 평화의 전령사인 비둘기들이 모여서
무슨 이야기를 하고 있을까?

―― 보우드 구역의 티베트 사원 분포도.

무중의 네팔 고대사를 섭렵한 견해에 의하면, 이 설이 가장 이성적이고 역사적이기 때문이다.

싸캬모니 붓다 재세 시에 인도 북부 바이샬리(Vaishali)를 근거로 흥망성쇠를 거듭했던 리차비족이 있었다. 이들이 카트만두

◇◇◇◇◇◇◇

가로질러 중원대륙으로, 만주벌판으로, 해동으로, 일본으로 이어졌던 국제적인 소통로로써 실크로드의 갈래 길 중의 하나였다. 나는 여러 문헌 속에서 언급된 이 길을 직접 따라 걸으며 그 길에 남아 있는 역사의 흔적들을 살펴보고 다시금 현실로 불러왔다.

―― 464년 리차비 왕조 시기에 새겨진
네팔 최고의 금석문인 '창구나라연' 석비 앞에서.

계곡으로 이주하여 새 왕조를 열었고, 마나데바 1세(Mana Deva, 464~505)가 바이샬리에 있던 사리탑에서 분배된 진신사리를 봉안하기 위해서 이 대탑을 조성했다는 것이다.

바이샬리는 불자들이나 사회학에 관심 있는 분들에게는 친근한 곳이다. 왜냐하면 싸캬모니 붓다께서 가장 오래 머물렀던 마을이었고 또한 아난다(Ananda)의 고향이기에 기념비적인 불교 유적지가 많이 산재되어 있기 때문이다. 또한 바이샬리에 있던 붓다의 진신사리 스투파를 아쇼카 대왕이 직접 전 세계로 분배했다

―― 누군가의 소원을 빌어주기 위해 준비 중인 버터 램프들.

―― 순례도를 따라 즐비한 티베트 용품 상점들.

는 것은 불교사적으로 공인된 사실이고, 나아가 붓다께서 열반에 드셨을 때 다비식 등 뒤처리를 도맡아 한 부족이 바로 리차비족이었다는 사실도 무게가 실리는 대목이다.

그런데 그들이 고향에서 홀연히 사라졌다가 카트만두 분지까지 올라와 새 왕조를 열어 찬란한 문화를 이룩하였다니 선뜻 믿기 어려웠다. 하지만 방계 자료들을 면밀히 섭렵하고 나니 납득이 갔다.

티베트 불교의 세계적인 랜드마크

보우드나트는 티베트어로는 '초르텐 쳄포(Chorten Chempo)'라고 부르는데, 그들은 이 대탑이 토번 왕국의 영걸 송첸캄포 왕과 네팔 왕비 브리쿠티 데비(Bhrikuti Devi)가 조성하였다고 믿고 있다.

보우드 지역은 옛날부터 티베트와 네팔 사이 무역의 거점이었다. 내가 쓴 네팔 공주의 티베트 신혼 길에 관한 '니번고도尼蕃古道'에서도 이 대목을 충

—— 보우드 거리의 명물 라핑 가게들의 메뉴판.

분히 밝혔듯이, 근대에 이르러 붉은 중국의 티베트 본토의 점령으로 인해 1951년부터 발생한 수만 명의 난민들이 모여 살고 있는 사실상의 티베트 난민촌이다. 어느 민족보다도 불심이 강한 그들이 보우드에 정착한 이유는 붓다의 진신사리를 봉안한 이 대탑이 결정적 작용을 했으리라….

현재도 스투파 주위 넓은 보우드 구역에는 티베트의 크고 작은 사원들이 대략 30여 개나 들어서 있고, 필요한 용품들을 팔고 사는 크고 작은 바자르가 열리고 있고, 티베트적 취향을 그리워하는 마니아들을 위한 숙소들도 몰려 있다. 그러니까 이곳은 네팔도, 인도도, 중국도 그렇다고 티베트도 아닌, 나라 잃은 유랑민들의 애달픈 영혼이 살아 숨 쉬는 그런 곳이다. 특히 내가 좋아하는 '라핑(Laphing)'을 종류별로 먹을 수 있는 전문식당들이 즐비하여 나는 무엇보다 이곳을 좋아한다. 아! 갑자기 먹고 싶다. 매콤하고 짭조름한 라핑을….

티베트 난민촌 학교
'마운트 카일라스'

네팔에서 열 번째 새해를 맞이하지만 티베트통인 나의 관심은 오로지 티베트 민족의 설날인 '걀와 로사르(Galwa 또는 Galpo Losar)'에 있다. 따라서 해마다 로사르 때가 되면 포카라 주변의 난민촌을 찾아가 그들과 함께 명절 기분을 만끽한다.

그들은 새해가 다가오면 집안 곳곳과 마을 어귀에 오색 깃발 '다르촉'을 새로 바꿔 달고 곡식을 빻은 '짬빠가루'를 허공에 뿌리면서 "키키 소소 라걀로~~"라는 벽사闢邪의 주문을 외우며 새해를 맞이한다. 그리고 집집마다 갖가지 곡식으로 만든 '체마'라는 것을 현관에 설치하여 손님을 맞이하고, '모모'라는 고기만두와 '캅세'라는 꽈배기를 만들어 이웃들과 나누어 먹는다. 나아가 여러 가지 놀이를 하며 며칠 동안 새해맞이를 즐기는데, 우리 한민족과 연결고리가 많아 매우 흥미롭다.

나라를 잃은 지 70여 년이 된 민족이 낯선 나라에서 민족의 고유풍속을 지키며 그들만의 설날을 맞는다면 그 감회는 과연 어떠할까?

티베트 민족의 망명사태

7세기 전후 당나라와 어깨를 겨루던 막강한 토번吐蕃 제국이 분열되면서 쇠약해진 티베트는 13세기에는 원나라의 지배를 받았다. 근대에 들어 다시 청나라의 간접 지배를 받았지만 그래도 주권국가의 정체성은 고수하고 있었다. 특히 제13대 달라이 라마 툽텐 갸초(1875~1933)는 청나라 말기에 중국 각지에서 내란이 일어나자 이 기회를 놓치지 않고 티베트에 주둔하고 있던 청나라 군대를 몰아냈다. 그리고는 세계만방에 외교사절단을 보내 주권국

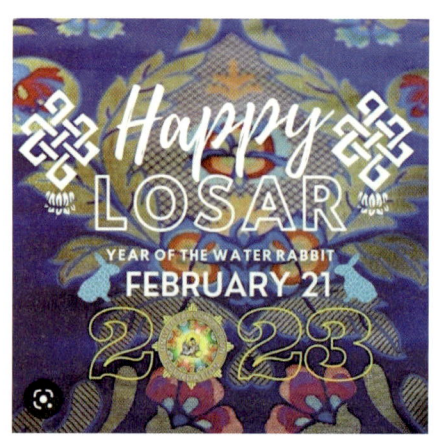

2023년도 'Happy Losar' 로고.

가임을 알리기도 했다. 그 당시 티베트 정부가 발행하고 여러 나라의 입국비자 도장이 찍혀 있는 실제 여권의 실물이 그 사실을 증명하고 있다.

그러나 중국 대륙에서 벌어진 국민혁명군과 중국인민해방군 간의 국공내전에서 중국인민해방군이 승리하고 그 여세를 몰아 1950년 티베트 라싸로 침략해 들어오자 순순히 국토를 내줄 수밖에 없었다. 그 다음해에는 이른바 '17개조 협정(Seventeen Points Agreement)'이라 불리는 조약을 맺음으로써 나라의 주권을 빼앗기고 중국에 예속되어 버렸다.

그러자 붉은 중국의 통치에 대한 티베트 민족의 저항과 분노는 산발적으로 이어졌고, 1959년에는 대규모 무력시위까지 벌어졌다. 그런 상황에서 국왕의 통치권을 이양받은 제14대 달라이 라마 텐진 갸초와 정부 각료들은 중국 군대의 무력 진압과 체포설에 두려움을 느껴 1959년 티베트 본토를 탈출하여 인도로 망명하게 되었다.

이에 티베트인들도 국왕이자 관음보살의 화신으로 하늘같이 신봉하는 달라이 라마를 따라 고국을 떠나 히말라야를 넘어오는 사태가 벌어졌다. 바로 티베트 민족의 대규모 망명사태이다. 1959년부터 1962년까지 티베트를 탈출해 온 초기 난민들은 8만여 명에 달하고, 이어서 대규모 저항운동이 벌어진 1986년부터 1996년까지의 제2기 난민들도 18,700여 명에 이르렀다. 그러나 티베트 국경 지역의 경비가 강화된 2008년부터는 난민의 숫자가 급격하게 감소되었지만 아무튼 망명사태가 고착화된 당시 전 세계에는 12~15만 명의 티베트 망명자들이 발생하였다.

이들 망명자들은 초기에는 인도와 네팔 등지의 '난민촌(Refugee setlement)'이란 곳에 둥지를 틀었다. 당시 인도의 네루 수상은 'Tibetan Rehabilitation Society'를 조직하여 1960년 12월 16일 데라둔 무소리(Dehradun Mussorie)에 최초로 난민촌을 세워서 3천여 명을, 다시 미싸마리(Missamari)에 6천여 명 그리고 과거 영국 전쟁포로수용소이자 부탄 국경인 서부 벵갈 부사 두아르(Buxa Duar)에 9천여 명을 수용하였다. 그중에 운이 좋은 일부는 국제법상 난민 지위를 부여받아 구미제국으로 뿔뿔이 흩어져 언젠가 다시 고국으로 돌아갈 희망을 품고 삶을 이어갔다.

하지만 중국의 경제대국화에 따른 압력으로 네팔 당국은 1998년 이후에는 더 이상의 난민을 받아들이지 않게 되었고, 티베트인들의 난민 문제는 갈수록 해법을 찾기 어려워지면서 현재에 이르고 있다. 그러다 보니 공식적인 난민촌에 소속된 망명자들에 비해 이런저런 사정으로 공식 난민증이 없는 난민들은 불법체류자가 되어 불안한 나날을 보내고 있다. 네팔에만도 공식 난민증이 없는 티베트 불법체류자가 500여 명에 달한다고 한다.

── 티베트 세시풍속의 가장 중요한 상징물인 '체마'와 '캅세' 앞에 선 필자의 행복한 미소.

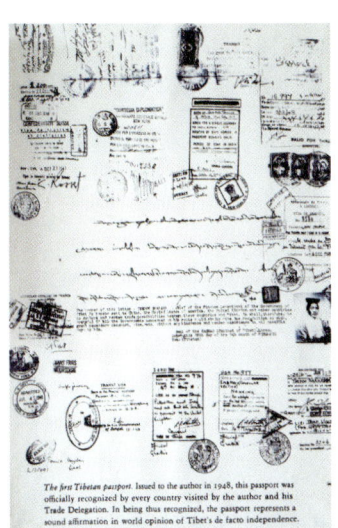

── 티베트 최초의 여권.
1947년 티베트 정부의 재무부장관 왕축데덴이 소지했던 여권으로 영국, 미국, 이탈리아, 스위스, 프랑스의 입국허가 스탬프가 찍혀 있다.

── 네팔 제2의 도시, 포카라 근교 햄자(Hemja) 삼거리 부다촉(Buddha Chowk)에서 좌회전하면 난민촌이 나온다.

다행히 인도 내 티베트 난민들은 인도 다람살라의 중앙정부로부터 '랑쩬락뎁'이라는 등록증을 발급받는다. 이 등록증으로 각종 증명서와 중앙 정부기관의 취임권, 투표권, 공립학교, 사원, 직업훈련 시설 등의 참가권, 티베트 중앙정부 공인의 비정부기관(NGO) 등에 대한 등록권 등 각종 권리를 보장받을 수 있다. 하지만 문제는 이 등록증이 네팔 정부에서는 인정되지 않는다는 점이다.*

포카라 근교 티베트 난민촌

2007년 인구조사에 따르면 네팔에는 전체 티베트 난민의 10%에 해당하는 2만여 명이 11개의 난민촌에 흩어져 살고 있는 것으로 나타났다. 그중 포카라에 4곳(Tashi Palkhiel, Tashliling, Paljorling, Jampaling)이 있는데, 나와 인연이 깊은 따시빨키엘 난민촌도 그중 한 곳이다.

이곳은 1962년에 형성되었고, 현재 750여 명의 난민들이 거주하고 있는 비교적 큰 마을이다. 이곳에는 '마운트 카일라스(Mount

---

* 박선영, 「고의적 망각과 희망의 아이덴티티 -네팔 포카라 티베트 난민을 중심으로-」, 『중국사연구』(2014, Vo.1, no.92, pp.311-338) 참조.

Kailash)'라는 이름의 초·중고, 기념품점, 카페트 공장, 전시장 등이 있다. 신앙의 중심지로는 겔룩빠와 싸캬빠 사원이 있고, 부대시설로 유아원과 양로원도 있다

나는 지난 10년간 이곳에 소속된 마운트 카일라스 학교에서 미술교사 노릇을 하였다. 내 경력이 말해주듯, 나는 '네팔통'이라기보다 '티베트통'이기에 자연히 어떤 끌림에 의해 이곳과 인연을 맺게 된 것 같지만 전생이나 내생에 관련된 인연설이야 누가 확답할 수 있겠는가?

이 학교는 유치원부터 7학년까지 130여 명이 재학하고 있는데, 이들 중 과반수 학생들의 집이 아주 먼 곳에 있어서 기숙사에 머물고 있다. 나는 주로 이들을 돌봐주면서 서로의 외로움을 달래곤 하였다. 그렇기에 언젠가 인연이 무르익으면 이 아이들을 데려다가 한국에서 전시회를 열고 싶은 꿈을 꾸고 있다.

—— 빨키엘 난민촌 안내판. 정식 명칭은 '따시빨키엘 티베탄난민촌(Tashi Palkhiel refugee setlement)'이다.

───── 난민촌 내에 있는 겔룩빠의 창춥체링 사원.

티베트 난민들의 미래

중국화된 지 70년이 지난 티베트 본토의 상황은 어떨까? 물론 인정하고 싶지는 않지만 우리가 경험한 일제강점기 35년간에 비하면 70년이란 기간은 한 민족이 그 정체성을 오롯이 지켜내기엔 너무 긴 세월이다.

내가 라싸에 거주했던 1995년의 경험으로 보건대 한족漢族들의 인해전술은 가공할 정도였고, 나아가 티베트 민족 중에서도 특히 중국식 교육을 받고 자라난 '상류계급의 중국화'가 가장 큰 문제였다. 더구나 2005년 개통된 이른바 '하늘열차'의 본격적 운행 이후로는 한족의 인구 유입이 기하급수적으로 늘어나 6백만 티베트인의 2배를 넘는다고 한다. 이것은 무엇을 의미하는 것일까?

이제 구순九旬을 넘긴 달라이 라마 성하의 후계 문제도 복잡다단하다. 그 향배에 따라 성하만 해바라기처럼 바라보고 사는 수많은 난민들의 미래도 결정되기 때문이다. 성하께서는 제15대 달라이 라마 후계는 없을 것이라고 선언하셨다. 하지만 역사적으로 볼 때 티베트의 종파적 속셈과 중국 정부의 검은 책략의 결과로 적어도 2명 이상의 제15대 달라이 라마가 옹립될 가능성이 있다고 알려져 있다.

최근 연임된 국무총리 삼동 린뽀체(Sam dhong Rinpoche)의 인터

—— 티베트와 네팔 국기가 나란히 걸려 있는 마운트 카일라스 학교 운동장.

—— 마운트 카일라스 학교 교단에서 학생에게 상품을 수여하고 있는 필자.

—— 특별활동으로 학예회를 준비 중인 티베트 학생들.

— 학교 미술반 수업 과정.

— 네팔 정부로부터 받은 교사 자격증.

— 각종 행사가 열리는 난민촌 커뮤니티 홀.

1부_ 설산 너머 깨달음의 향기를 따라서

뷰를 보면 미래의 청사진이 어느 정도 읽히기는 한다. 이른바 성하가 주창한 '중도정책'을 지지하면서 중국 측도 받아들일 수 있다는 대책이다.

> "우리가 요구하는 건 티베트의 분리 독립이 아니다. 중국이라는 울타리 안에서 티베트를 홍콩이나 마카오처럼 특별자치구로 만들어 전통문화와 민족성을 지켜나갈 수 있으면 하는 것이다."

그러나 이런 대책이 실현되기에는 또 다른 문제가 도사리고 있다. 바로 달라이 라마에 대한 절대적 믿음으로 이른바 '달라이 라마의 113세 해방론'이다. '네충신탁'에 의하면 달라이 라마 성하가 113세가 되기 전에 티베트는 독립을 쟁취할 것이라는 설이다. 과연 티베트 망명정부의 호법신이자 달라이 라마의 수호신이라 불리는 '네충'의 신탁에 민족의 미래를 거는 것을 종교적 믿음으로 보아야 할지 아니면 단순한 미신적 행위로 보아야 할지는 티베트 마니아들 각자의 몫이다. 하지만 이 문제는 요즘의 한국 정치권의 현상과 오버랩되면서 뭔가를 곱씹어 보게 만든다.

룸비니의
부처님오신날

　내가 살고 있는 안나푸르나 설산 기슭에서 네팔 남부 떠라이(Terai) 평원에 자리 잡은 룸비니는 거리상으로는 그리 가깝지는 않지만 그렇다고 아주 멀게 느껴지지도 않는다. 왜냐하면 포카라(Pokhara)에서 야간버스를 타고 하룻밤을 달리면 도착할 수 있는 거리이기 때문이다.

　그렇기에 나는 지난 수년 동안 며칠간의 시간적 여유가 생기면 수시로 룸비니로 달려가서 용왕못가에 앉아 선정에 들기를 즐겨

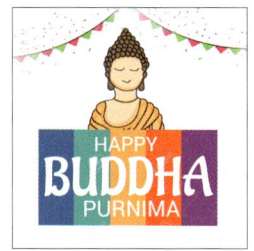
— Happy-Buddha-Purnima.

— 'Buddha was born in Nepal.' 포스터.

하였다. 그만큼 룸비니 특유의 분위기가 좋았고 특히 샛노란 유채꽃이 피는 겨울철의 떠라이 평야는 더욱 그러하여 한철을 머물기도 하였다.

가자 룸비니로~

룸비니는 불교의 4대 성지 중에서 유일하게 네팔 땅에 속해 있다. 그래서 네팔인들은 'Buddha was born in Nepal.'이라는 포스터를 여기저기 붙이고 다니며, "붓다는 네팔 사람이다."라며 자랑하고 다닌다.

룸비니가 네팔 땅이 된 배경은 조금 복잡다단하다. 물론 룸비니를 인도 땅에서 네팔로 떼어준 결정적인 역할을 한 나라는 영국이다. 하지만 룸비니의 소속 문제는 시간의 수레바퀴를 한참이나 소급해 올라가서 이야기를 풀어나가야 한다.

먼저 기원전 마우리아 왕조의 아쇼카 대왕이 룸비니가 씨캬모니 붓다의 탄생지라는 석주(Ashokan Pillar)를 세우기는 했지만 고향 인도에서 불교가 쇠퇴해지면서 오랜 세월 무관심 속에서 까마득히 잊혀 갔다.

그러나 역사란 망각 뒤에도 부활이 있다는 것을 보여주려는지 1896년 독일의 고고학자 알로이스 퓌러 앞에 기적처럼 나타났

—— 룸비니 건물유지에서 바라본 마야데비 사원의 새 건물 전경.

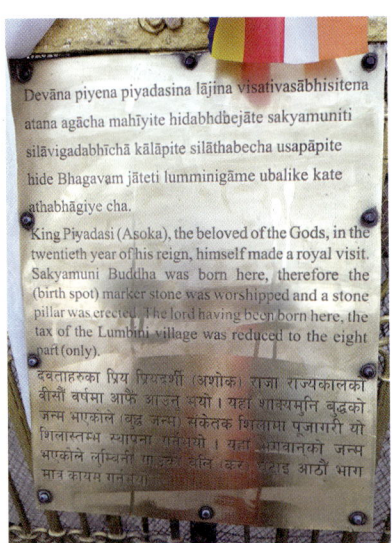

—— 아쇼카 석주에 새겨진 브라흐미 명문.

—— 마야데비 사당 안에 모셔져 있는 붓다 우협탄생도 부조.

—— 오늘의 룸비니를 있게 한 고고학적 증거인 아쇼카 석주.

―― 마야데비 사원 앞 붓다 설화 속의 용왕못에는 실상과 허상이 모두 투영되어 있다.

―― 여명이 터오는 용왕못에서 선정삼매에 들어 있는 필자.

다. 비록 머리 부분은 손상되어 없어지고, 낙뢰로 인해 반토막이 나고, 여러 군데 균열도 생겼지만 한눈에 봐도 아쇼카 시대의 석주가 분명했다. 게다가 남아 있는 5줄의 브라흐미 문자도 해독이 가능하였다.

> "많은 신들의 사랑을 받고 있는 파야다시(아쇼카 왕의 별칭)는 즉위 20년 만에 이곳에 와서 경배하노라. 이곳은 붓다가 태어나신 곳이므로 돌을 다듬어 말머리상(馬像)과 돌기둥을 세우노라. 이곳은 성스러운 곳이기에 이곳 주민들의 세금을 1/8만을 부과할 것이다."

룸비니를 찾은 동방의 순례자들

역사상 처음으로 룸비니를 찾은 순례자는 5세기 북위北魏의 법현法顯 율사였다.

> "성의 동쪽 50리에 정원이 있는데, 바로 룸비니 동산이다. 부인이 연못에 들어가 성욕聖浴을 하고 나와 북쪽으로 연못가를 20보 걷다가 손을 들어 나뭇가지를 잡고 태자를 낳았다. (중략) 두 용왕이 태자에게 첫 목욕물을 끼얹어 주었다는 연못이 있는데…"

― 용왕못 건너편에 있는 설화 속의 천년 고목 사라카 나무.

― 5월에 꽃이 피는 사라카 나무.

1부_ 설산 너머 깨달음의 향기를 따라서

8세기 들어 현장법사도 그때까지 남아 있는 석주와 용왕못에 대하여 역시 자세히 적고 있다.

"전천箭泉에서 동북쪽으로 80리 가면 룸비니 숲에 이른다. 이곳에는 싸캬족들이 목욕하던 연못이 있다. 물이 맑아 거울과 같은데 갖가지 꽃이 다투어 피고 있다. 그 북쪽으로 스무 걸음 정도에 무우화수無憂花樹가 있었다고 하는데 지금은 없다. 바로 보살이 태어난 곳이다. (중략) 석주가 서 있는데 아쇼카왕이 세운 것이다. 나중에 벼락을 맞아 중간이 부러졌다고 한다."

또한 우리 해동의 혜초스님도 당시 룸비니로 가는 길이 순탄치 않았음을 이야기하고 있다.

"셋째 탑은 가피라국에 있으니 바로 부처님이 태어난 곳이다. 지금도 무우수를 볼 수 있는데, 성은 다 허물어지고 없고 탑은 있으나 승려는 없고 또 백성도 살지 않는다. (중략) 세 탑 중에 가장 북쪽에 있는데, 숲이 거칠게 우거지고 길에 도적이 많아 가서 예배하려는 이들이 이르기가 매우 어렵다."

후일 고타마 붓다가 80세를 일기로 입적하기 직전에 제자들이

"어느 곳을 교단의 기념처로 삼아야 하느냐?"라고 묻자 붓다는 태어난 곳을 비롯하여 깨달음을 얻은 곳, 처음 법을 설한 곳, 열반할 곳 등의 네 곳을 꼽았다고 한다. 붓다도 역시 보통 사람처럼 태어남이 중요했던 것으로 여겨지는 대목이다.

부처님 탄생지에 세워진 마야데비 사원

오랫동안 룸비니는 현지에서 구전되어 내려오는 설화들과 산발적인 유적지들만이 볼품없이 남아 있었다. 룸비니가 현재의 모습을 갖추기까지는 미얀마 출신의 우 탄트(U Thant, 1909~1974) 전 UN 사무총장의 역할이 큰 몫을 했다. 1967년 룸비니를 찾은 그는 당시 룸비니의 황폐화를 목격하고는 충격을 받아 '룸비니 성역화'를 제안했다. 이후 여러 나라가 호응하여 자금을 마련하고, 일본 건축가 단게 겐조(丹下健三, 1913~2005) 같은 전문가들이 참여하면서 개발이 본격화되었다. 마지막 단계인 도로 확장 포장이 최근에 마감되면서 그동안 흙먼지에 덥혀 있던 룸비니가 성지다운 자태를 드러내고 있는 중이다.

붓다의 탄생지 자리에 새로 세워진 하얀 색의 마야데비 사원은 아쇼카 석주와 함께 룸비니의 랜드마크이다. 또한 후문 쪽에 자리 잡은 붓다 설화 속의 용왕못이 순례자들을 맞이한다. 연못

― 룸비니를 찾은 태국 스님들의 붓다 자얀띠 행사.

맞은편으로는 역시 설화 속의 사라카 나무(Saraka, 無憂樹)가 솟아 있어서 모든 순례자들은 마야데비 사당을 참배하고 나와서 용왕 못을 시계방향으로 도는 꼬라를 세 바퀴 정도 도는 순례를 하게 마련이다.

싯다르타 태자는 인도의 북부 떠라이 평원의 까삘라바스뚜 성을 근거로 살던 농경민족 싸캬족을 부계父系로, 인근의 꼴리아족(Kolia족)의 마야 부인을 모계로 하여 태어났다. 마야데비 부인은 비몽사몽간에 천신들에게 이끌려 설산을 넘어 티베트 고원에 있는 마나사로바(Manasarova) 호수로 이끌려 갔다. 그곳에서 몸을 씻음으로써 신성을 얻고 흰 코끼리를 품는 꿈을 꾸었다. 이른바 성스러운 태몽이었다. 수많은 경전들이 붓다의 탄생설화에 대하여 온갖 미사여구를 동원하여 찬사를 늘어놓았고 약간의 편차는 있겠지만 그 요지는 대략 다음과 같다.

마야데비 왕비가 당시의 관습에 따라 출산을 위해 친정집이 있는 꼴리아성으로 향하던 중 아름다운 룸비니 동산에 이르러 휴식을 취하게 되었다. 아름다운 경치에 취해 한동안 서 있는데 갑자기 출산의 고통이 찾아왔다. 그녀는 사라카 나무의 늘어진 가지를 붙잡고 힘을 써서 아이를 낳았다. 이에 브라흐마신이 출현하여 두 손으로 아이를 받았고, 그 외 많은 하늘 여인들이 산

모를 돌보았다. 이때 하늘 용왕의 입에서 더운물과 찬물 두 줄기가 내려와 아이를 씻겨 주었는데, 그 물이 고여 연못이 생겼다.

룸비니는 위대한 탄생이 있었던 불교의 첫 번째 성지이지만 인도에서 불교가 쇠퇴하면서 오랫동안 망각의 강 너머로 사라져 버렸다. 그러다가 아쇼카 석주의 발견을 계기로 다시 제자리를 되찾게 되었다.

부처님 생일, 붓다 자얀띠

부처님오신날의 네팔식 이름은 붓다 자얀띠이다. 글자 그대로 '붓다의 생일'을 뜻하지만 그 외에도 '뿌르니마(보름달)'라는 단어가 들어간 명칭도 많다. 제스타 뿌르니마(Jestha Purnima), 붓다 뿌르니마(Buddha P.), 바이샤카 뿌르니마(Vaishakh P.) 등이다. 또한 티베트 계열의 민족들은 탄생일을 포함해서 성도일, 열반일을 합쳐서 4월 한 달을 통째로 '싸카다와(Sakha Dawa, 佛誕月)'라고 강조하며 성대한 행사를 벌이고 있다.

이름이야 나라마다 고유 명칭이 다르니 그렇다 쳐도 문제는 생일축하의 기준이 되는 날짜가 나라마다 다르다니⋯. 올해(2023) 네팔과 인도는 5월 5일이 붓다 자얀띠이지만, 남방불교권 국가들은 5월 19일이 '베샥 뿌르니마(4월 보름달)'가 된다. 이 베삭*은 달을 기준으로 하는 태음력이기에 그레고리안 태양력으로서는 'Apr/Jun' 사이로 쓰는 불편을 감수해야 한다.

말하자면 부처님의 생신축하 잔치를 하는데, 이렇게 나라마다 서로 이름과 날짜가 다르니 생신공양을 받으시는 당사자께서는 헷갈리시지 않을까 하는 생각이 든다. 게다가 얼마 전까지는 태어나신 연도까지 북방설이니 남방설이니 서로 고집을 피우고 난리였으니 더욱 그러하실 듯하다. 그래서 이런 혼란을 막고 공통된 기념일을 제정하기 위해 1956년과 1998년, 두 차례 열린 세계불교도대회에서 양력 5월 15일을 '베샥 데이(Vesak day)'로 통일하자고 했다. 하지만 나라마다 입장 차이를 좁히지 못하고 아직도 우리나라를 비롯한 북방계 불교국가들은 음력 4월 8일에서 조금도 물러나지 않고 있다.

---

*   이 '베샥'은 빨리어 비사카(Visakha), 베사카(Vesakha), 바이샤카(Vaiśākha) 등으로 표기된다. 남방불교 전통에 의하면 붓다는 이달의 보름에 탄생하셨고, 깨달음을 얻으셨고, 열반에 드셨다. 그래서 한 달을 통째로 신성한 달로 인식하고 있다.

—— 붓다 자얀띠 당일 저녁에 촛불을 밝혀 무명을 몰아낸다.

—— 천년된 무우수 아래에서 기도 중인 필자.

데바다하,
싯다르타 태자의 외가이자 처가

　일망무제의 떠라이(Terai) 평원을 달리다 보면 가끔은 저 멀리 히말라야의 흰 능선이 마치 신기루처럼 힐끗힐끗 올려다보인다. 바로 마나슬루(Manaslu, 8,156m) 연봉이다. 떠라이 평원과 히말라야 간의 이런 지리적 근접성은 불교의 안자락에 어떤 영향을 끼쳤을까?

옛 꼴리아 왕국의 도읍지

　물론 고타마 붓다의 일생에서 히말라야와 직접 조우했던 전거는 찾을 수 없지만 그래도 불교계의 다양한 매체에서 '설산'과 관련된 모티브가 자주 등장하고 있는 것을 보면 아마도 그 배경에는 룸비니에서 바라다보이는 설산에서 비롯되지 않았을까 하는 생각도 든다.

데바다하(Devadaha)는 룸비니에서 서쪽으로 몇 시간을 달리면 도착하는 곳에 자리 잡고 있는 한적한 마을이다. 순례객으로 북적이는 룸비니에 비해 더욱 그러하다. 그렇듯 별 볼 것 없는 이 조그만 마을을 여러 번이나 방문하게 되는 이유는 무엇일까?

물론 이곳은 불교사적으로 '4대'니 '8대'니 하는 유명한 불교 성지는 아니다. 하지만 싯다르타 붓다 자신과 더불어 붓다의 일생에서 큰 비중을 차지하는 세 명의 여인들의 체취가 진하게 배어 있는 곳이다. 세 명의 여인이란 생모 마야데비 부인, 혈연적으로 친이모이며 또한 태자를 갓난아기 때부터 성인이 될 때까지 키워준 양모인 프라쟈빠띠(Prajapati) 그리고 부인 야소다라(Yashodhara)이다.

데바다하는 네팔 남부 떠라이 평원의 루빤데히주(Rupandehi D.)에 속해 있는 작은 군郡(Municipality)으로 인도의 국경선에서 멀지 않은 곳에 위치해 있다. 그러니까 룸비니에서 본다면 서북쪽으로 57km 떨어져 있는데, 룸비니에서 출발하는 것보다 사통팔달의 교통 요지 부트왈(Butwal)에서 차를 대절하거나 가끔씩 운행하는 로컬버스를 타고 가는 방법이 편리하다.

싯다르타 재세 시에 꼴리아(Koliya) 왕국은 로히니(Rohni) 강을 경계로 하여 까삘라바스뚜(Kapilavatthu)를 중심으로 살면서 쌀농사를 짓는 싸캬(Sakya) 부족과 혈연적으로 유대관계를 이루면서 평화롭게 지내왔다.

당시 관습대로 마야데비 처녀가 혼기가 되자 이웃 싸카족의 정반왕淨飯王(Suddhodana)에게 시집을 보냈다. 그러나 그녀는 성스러운 태몽을 꾸고 전륜성왕轉輪聖王(Cakravartin)의 점괘를 가지고 태어난 아이를 낳았으나 그녀 자신은 산후통으로 인해 일주일 만에 아기 곁을 떠나 도솔천으로 올라가 버렸다. 그러자 두 왕국의 장로들은 오랜 관습대로 그녀의 친동생인 프라쟈빠띠를 상처한 왕에게 시집보내서 어미 잃은 조카 싯다르타를 대신 키우게 하였다.

현재의 데바다하에는 거창한 역사적 고대 유적은 남아 있지 않지만 싯다르타 태자의 생모 마야데비의 집터라고 전해 오는 바와니뿌르(Bhawanipur)와 동생 프라쟈빠띠의 집터라고 전해 오는 칸야

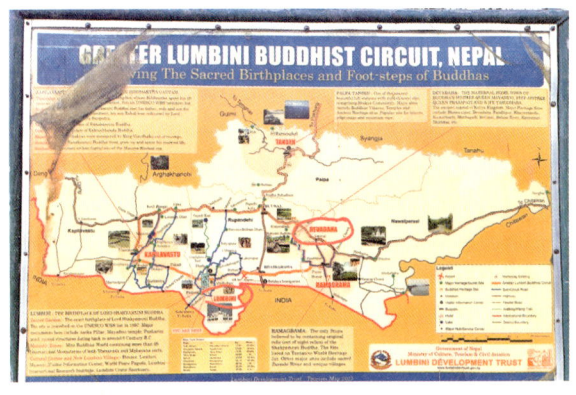

—— 룸비니와 데바다하 인근 지도.

—— 꼴리야 왕가 혈통도. 마야데비, 프라쟈빠띠, 야소다라의 이름도 보인다.

마이(Kanyamai) 유지가 보전되어 있다. 그리고 이런 역사적 사실을 뒷받침할 수 있는 고고학적 자료인 아쇼카 석주가 있긴 하지만 아쉽게도 밑기둥만 남아 있고 비문이 없어서 꼴리아 왕국과 마야데비 가문의 역사를 소상하게 밝히는 데는 도움이 되지 못하고 있다.

그러나 '신의 연못'을 뜻하는 '데바다하'란 말의 어원에서 그 성격을 유추해 보면, 당시 이곳은 모종의 정화의식을 치르는 신성한 장소였던 듯하다. 그러므로 싯다르타 태자가 어릴 적부터 이런 종교적인 분위기에 익숙해져서 훗날 '햄릿형 인간'을 거쳐 출가로 이어지는, 수행자로서의 오롯한 삶을 걷게 되는 동기부여가 되었을 것이란 역설적 추론도 무리는 없어 보인다.

—— 데바다하 유적지 안내판 1.

—— 데바다하 유적지 안내판 2.

싯다르타 태자의 처갓집 데바다하

두 왕국 간의 인연은 비단 태자의 부모 대뿐만이 아니었다. 마야데비와 프라쟈빠띠 자매의 조카 되는 야소다라 공주가 혼기가 되었을 때 당시 꼴리아 국왕인 슈프라붓다(Suprabuddha)가 부마駙馬 자리를 걸고 경기를 개최하였다. 그때 싯다르타 태자도 참가하여 이웃나라의 여러 왕자들을 제치고 최종 승자가 되어 공주를 차지한 것은 불교계에는 널리 알려진 유명한 일화이다.

―― 바와니뿌르 경내에 밑기둥만 남아 있는 아쇼카왕의 석주.

── 싯다르타 태자의 유모 프라쟈빠띠의 집터인 칸야마이 유지.

── 마야데비 부인의 집터 바와니뿌르 유적지 정문.

이곳 찻집에서 만난 데바다하의 주민들도 그 일을 마치 어제 일처럼 이야기하고 있다. 당시 태자의 화살은 일곱 겹 타마린드(Tamarind) 나무 뒤에 숨어 있던 공주 근처에 정확하게 떨어졌고, 이에 태자는 화환을 만들어 시녀를 통해 공주에게 바쳤다고 한다. 이때 믿기 어려운 일이 일어났는데, 당시 태자 앞에 공주 자신이 자청해서 나타났다는 것이다. 말하자면 '근친혼'이었다. 당시 관습으로 이것이 결혼 승낙의 의미였다는 대목에서는 모여 있던 여러 사람들의 각색된 추임새도 이어졌다. 더하여 태자의 외가이며 처가인 데바다하에 대한 각별한 애정담도 추가되었다.

『둘바경(Dulva)』이라는 경전에 의하면 '위 없는 큰 깨달음'을 얻은 후 7년 뒤 싯다르타 붓다는 많은 제자를 거느리고 설교 여행을 다니다가 데바다하 마을을 방문하였는데, 이때 마을로부터 큰 환영을 받았다고 한다. 당시 싯다르타 붓다는 큰 나무 아래에 운집한 군중들에게 울림 있는 설법도 하고 또한 여러 주제를 놓고 그들과 며칠 동안 토론을 하였다고 한다.

성스러운 나무, 빠까리 스케치 여행

나는 3년간의 룸비니대학 재직 기간 중, 룸비니에 살다시피 한 탓으로 무시로 일대의 불교유적지를 쥐 잡듯이 순례할 수 있는

복을 누렸었다. 이때 나의 안나푸르나 학교의 그림반(A.D.T) 제자들도 여러 차례 룸비니로 스케치 여행을 다녀오곤 하였다.

그들은 먼저 룸비니의 마야데비 사원과 까뻴라바스투를 거쳐 마지막으로 데바다하의 성스러운 나무를 스케치하였다. 바로 '빠까리(S.T Pakari)'라는 나무였다. 나는 그들에게 준비해 간 돗자리를 깔게 하고는 아이들에게 주제를 던져 주었다.

"Drawing about 'holy Pakari tree' at Devdaha the home land of Maya Devi."

데바다하 근교에 있는 빠까리 나무*는 높이가 건물 10층 높이인 29m에 달하고, 몸통 둘레도 25m나 된다. 가지와 잎이 뻗어 그늘을 이루는 사방면적은 152㎡나 되는 거목으로 수령이 수천 년이라 전해진다. 멀리서 보면 꼭 거대하고 푸른 우산이 펼쳐져 있는 모양새이다.

물론 이런 수치적인 거대함만으로 이 빠까리 나무가 유명한 것이 아니라는 것을 이미 독자들께서는 감 잡으셨겠지만 이 나무의

---

* 흔히 '빠까리'라고 불리는 이 나무는 식물분류학에서 보면 보리수菩提樹(peepal) 또는 무화과無花果(Ficus benjamina)의 일종으로 주로 인도 북부나 네팔 남부 떠라이 지방에서 자생하는 잎 넓은 상록수이다.

진정한 존재 가치는 성스러움에 있다. 그 근처에만 가도 어떤 영적인 분위기를 느끼게 하는 성수聖樹*인 것이다.

그래서인지 나는 어떤 때는 환상을 보기도 한다. 사리(Sari)를 걸친 어떤 여인들이 나무 둘레를 따라 꼬라(Kora)를 도는 모습이 그것이다. 이럴 때 나는 어떤 노래를 읊조리게 된다. 바로 이선희라는, 내공 있는 가수가 부른 '인연因緣(Intertwined fate)'이란 노래이다. 특히 나는 대금 버전을 좋아하는데, 이미 세간에 널리 알려진 이 노래는 부제가 〈야소다라(Yasodara)의 노래〉 또는 〈라훌라의 아버지를 떠나보내며〉이다.

물론 여기서 야소다라는 싯다르타 태자의 부인이고, 라훌라는 야소다라와 싯다르타 사이에서 태어난 외아들의 이름이다.

약속해요.

이 순간이 다 지나고 다시 보게 되는 그날

모든 걸 버리고

그대 곁에 서서 남은 길을 가리란 걸.

◇◇◇◇◇◇

* 우리는 고타마 싯다르타 붓다와 연관된 나무 중에서 흔히들 '3대 성수聖樹'를 꼽는다. 첫째는 탄생수인 무우수無憂樹(Ashok tree), 둘째는 정각수正覺樹(Peepala tree), 셋째는 열반수涅槃樹(Sara Tree)이다. 그런 차원에서 본다면 오늘의 주인공인 빠까리 나무는 '제4대 성수'에 해당된다.

—— 겨울철 유채밭 속에 둘러싸여 있는 빠까리 성수의 신령스런 모습.

인연이라고 하죠.

거부할 수가 없죠.

내 생에 이처럼 아름다운 날 또다시 올 수 있을까요?/(중략)"

I promise you. after this moment all passes away
and when we see each other again.
I will put everything down and stand by you
and walk the remaining path left for us,
This is what is called our intertwined fate.
It is impossible to deny. such a beautiful day in my lifetime
will it come again in my life?
〈Song by Yasodara - when Rahula's father departed home〉

── 빠까리 나무 아래에서 네팔 제자들과 함께 스케치하는 광경.

── 네팔 제자가 그린 빠까리 성수 그림.

1부_ 설산 너머 깨달음의 향기를 따라서

구루 린뽀체의
오도처 파르뼁 동굴

카트만두 분지의 젖줄인 바그마띠(Bagmati) 강 상류에 위치한 파르뼁 마을은 예부터 천하의 명당으로 알려진 곳으로 힌두교와 불교의 수많은 수행자들이 둥지를 틀고 수행 삼매에 들었던 곳이다. 그러니만치 수많은 사원과 수행공동체가 자리하고 있는 종교적 성지라고 할 수 있다.

이름 높은 성지 파르뼁(Pharping) 마을

우선 딴트릭 불교에서 붓다의 여성적 측면을 기리는 사원으로 '신성한 어머니'라고 부르는 바즈라 요기니(Vajra Yoghini) 사원 외에 티베트 불교의 여러 종파들(까규빠, 싸캬빠, 닝마빠, 겔룩빠 등)의 크고 작은 사원들이 자리 잡고 있다.

힌두교 쪽으로는 깔리(Kali) 여신 계열의 닥신깔리(Dakshin-Kali)

—— 파르삥 마을 원경. 흰색 원으로 표시된 곳에 마을의 랜드마크인 거대한 구루 린뽀체의 소상塑像이 있다.

—— 파르삥 마을 입구에 서 있는 대문.

—— 파리삥 안내책자.

── 마하구루 사원에 있는 네팔 최대의 구루 린뽀체 좌상 앞에 선 필자.

사원이 유명하다. 이곳은 근교의 힌두교인들이 뿌쟈를 올릴 때마다 희생제의犧牲祭儀를 치르는 곳이다. 물론 힌두교의 입장에서 보면 성지겠지만 불교 쪽 시각에서 보면 피비린내를 참기 어려운 곳이기도 하다.

그러나 무엇보다 이 마을의 랜드마크에 해당하는 구조물은 돌루(Dollu) 또는 마하구루(Maha Guru) 사원 경내에 세워져 있는 구루 린뽀체의 거대한 좌상이다. 높이가 무려 40m에 달하기에 마을에 들어오기 전부터 멀리서부터 눈에 들어온다. 물론 이런 거대하기로 유명한 불상보다 이 마을로 일년 내내 순례자들이 몰려드는 이유는 따로 있다. 바로 티베트 불교의 상징인 구루 린뽀체, 빠드마삼바바(Padmasambhava, 蓮華生, 732~?)의 체취가 생생하게 남아 있기 때문이다.

우리 불자들에게는 이상하게 들릴지 모르겠지만 티베트 불교에서는 석가모니 붓다보다도 오히려 구루 린뽀체의 소상이 더 많이 조성되어 있는데, 그중 몇몇은 규모가 거창하기 그지없다. 그들에게는 '제2의 붓다', 아니 그냥 '붓다'로 부르고 있을 정도로 구루 린뽀체에 대한 경외심이 우리들이 이해하기 어려울 정도로 매우 높다. 어찌 보면 맹목적일 정도이다.

이외에도 지금도 파르뼹에서는 구루를 '양레쇼의 빤디따(Pandita)'라고 칭송하면서 '지혜의 붓다' 만쥬쉬리(Manjushri)와 비견되는 '구루마웨 셍게(Guru Mawé Sengé)'라고도 부르고 있다.

하안거용 양글레쇼(Yangleshö) 동굴

오늘의 주인공 구루 린뽀체는 티베트 고원에서 삼예(Samye) 사원의 건축 불사가 원만하게 진행되자 네팔로 내려와서 자기 수행의 마지막 점검을 위해 터를 잡았다. 역사적 기록을 보면 그때는 다음과 같이 추정된다.

―― 아랫동굴 양글레쇼로 오르는 계단.

―― 아수라 동굴 내부. 순례자들이 바치는 향촉화香燭花의 공양이 끊이지 않고 이어진다.

—— 분노형상을 한 '8명의 수호존守護尊' 중의 하나인 〈양닥 헤루카 만다라〉.

—— 파르뼁 동굴에서 구루의 수행 반려자였던 싸캬데비 초상.

784년 티송 데쩬 임금은 샨따락시따를 네팔로 피신시켜 반反불교 정서가 가라앉은 후 다시 돌아오라는 조치를 내렸다. 이에 그는 네팔로 향하는 도중에서 유명한 딴트라 술사(구루 린뽀체)를 만나서 그를 토번 왕국으로 초청하였다."

그 당시 네팔의 불교 중심지 빠탄(patan)에는 기원전 3세기에 아쇼카 황제가 세운 것으로 전해지는 고대 사리탑 4개가 자리 잡고 있고, 또한 티베트와는 다르게 불교적 풍토가 자리를 잡고 있을 때였지만 번잡한 곳을 좋아하지 않는 구루는 카트만두의 남서쪽 언덕에 있는 파르뼁으로 마치 전생의 익숙한 수행터인 듯 끌려들어갔다고 한다.

마을 뒷산 울창한 숲속에는 2개의 동굴이 있다. 바로 구루 린뽀체가 수행을 했다고 불교사적으로 확인되고 있는 곳으로 구루 린뽀체 자신이나, 나아가 티베트 밀교 역사상 가장 중요한 성지에 해당하는 곳이다.

구루의 영적 배우자 싸캬데비

이곳에서 그의 곁에는 벨모 싸캬데비(Belmo Shakya-Devi)라는 딴트릭 배우자(T.Consorts)가 있어서 서로 탁마상성琢磨相成하면서 두 사람 모두 마지막 성취를 이루었다고 한다. 물론 이런 대목은 우리 불교적 시각으로는 이해하기 어렵다. 여자와 같이 한 동굴에서 살면서 수행을 했다니….

그러나 높은 경지의 딴뜨릭 수행에는 상대적인 반려자가 필요하다고 한다. 그래서인지 구루 린뽀체에게는 5명의 영적 배우자가 있었는데, 그녀도 그중 한 명이라고 한다.

구루를 도와 마지막 성취를 이루게 한 그녀는 네팔 왕 뿐예다하라(Punyedhara)의 딸로 전해지고 있는데, 구루가 처음 그녀를 만났을 때 그는 그녀의 손과 발이 거위처럼 물갈퀴로 덮여 있는 것을 보고 지혜의 다키니(ḍākinī)로 인정하고 그녀를 자신의 영적 배우자로 삼았다고 한다. 하지만 앞선 두 명의 영적 배우자들*인 예세 초겔(Yeshe Tsogyal)이나 만다라바(Mandalaba)보다는 존재감이 덜한 것이 사실이다.

티베트 불교와 젠더(Gender) 문제는 필자가 언젠가 한번은 다루어 보고 싶은 시대적인 콘텐츠이지만 후일로 미루고 오늘은 구루의 마지막 깨달음의 실체를 쫓아가도록 한다. 아무튼 두 사람은

---

* 예세 초겔과 만다라바의 전기는 티베트어, 힌디어, 영어로 번역되었지만 나머지 3명의 기록은 전설로만 남아 있다. 티베트 불교 도상학에서 구루의 오른쪽에는 만다라바가, 왼쪽으로는 예세 초겔이 서 있는 것이 일반적이다.

— 윗동굴 아수라 동굴 입구 위 손자국(흰색 원 안).

아래 동굴 양글레쇼(Yangleshö)에서 딴트라 판테온(T.Pantheon)의 '8명의 수호존守護尊(Kagye)' 중의 한 분이며 분노신의 형태인 '양닥 헤루카(Yangdak Heruka)'와 '바즈라킬라야(Vajrakilaya)'을 연결하는 수행에 몰두하여 '마하무드라의 싯디(siddhi)'를 얻게 되었다.

그러나 그 과정에서 장애가 생겨 구루는 인도에 있는 그의 스승에게 서신을 써서 두 명의 네팔인 제자 부부를 날란다 대학으로 보냈다. 이에 스승은 바즈라킬라야 수행요지를 적은 「낄라 비또따마 딴트라(Kīla Vitotama Tantras)」를 가득 실은 노새 두 마리를 보내어 옛 제자를 도왔다.

── 윗동굴 아수라 동굴 입구의 오른쪽 위에 보이는 구루의 선명한 손자국.

그리하여 구루께서 새로운 방법으로 수행을 시작하자 모든 마장魔障이 제거되면서 카트만두 계곡에는 축복의 비가 내리기 시작했고 긴 가뭄이 끝났다고 한다. 그러니까 구루께서는 '양닥 헤루카'를 수행함으로써 깨달음을 얻었지만, 다시 생겨난 마장과 모호함을 해소하기 위해서 다시 바즈라킬라야의 수행과 병행하여 한 단계 높은 성취(Maha-Mudra siddhi)를 증득했다는 것이다.

그리고 구루께서 한때 인도에서 만행을 하며 수행할 때 시타바나(Sitavana, 尸陀林) 숲에서 8명의 딴트라 수행자로부터 지도를 받았는데, 그중 한 명인 훔카라(Vajra Humkara)도 이 동굴에서 그의 영적 배우자와 함께 성취를 얻은 것으로 알려져 있다. 이를 미루어 보면 이곳은 구루에게 숙세의 인연터라고 할 수 있고, 그렇기에 티베트 땅 밖에서 구루와 연결된 가장 성스러운 장소로 꼽히고 있다.

동안거용 아수라 동굴

아래 동굴에서 1년이란 시절인연이 무르익자 구루와 싸캬데비는 겨울에도 햇볕이 잘 드는 윗 동굴인 아수라(Asura)로 거처를 옮겼다. 지금도 원숭이 떼가 몰려다니는 울창한 숲속에 있는 곳인데, 여전히 수많은 참배객들이 끊이지 않고 있다.

그러니까 이곳에서 두 사람은 딴트릭 수행을 계속하여 마지막 단계의 성취(Vidyadara Rigzin)를 증득하여 마침내 칠채화신七彩化身(Rainbow Body)*을 성취하게 되었다고 한다. 그래서 그의 입멸 자체도 무지개로 천화遷化했다고 이야기한 바 있다.

참, 아수라 동굴 참배할 때 '팁' 하나….

마지막 성취를 얻은 기쁨에 동굴에서 나온 구루께서는 바위에 손을 대고 손자국을 남겼다고 하는데, 과연 그 손자국은 오늘날까지도 동굴 입구 왼쪽 위 바위에서 볼 수 있다.

"옴 아 훔 바즈라(벤자) 구루 빠드마(뻬마) 싯디 훔!"

---

* 구루는 804년 망율 땅 궁당고개에서 천상의 무지개에 올라타 유성처럼 날아서 빛 속으로 사라졌다고 한다. 이른바 닝마빠의 대성취자만이 증득할 수 있다는 '무지개몸(Rainbow Body, 七彩化身)'으로 변해 사라졌다는 말이다.

다르질링—시킴 ①

샴발라는 어디에 있을까?

인도 동북부의 관문인 바그도그라(Bagdogra) 국제공항에 내리자마자 다르질링(Darjeeling)을 가기 위해 세어 택시(Share Taxi)를 잡아탔다. 옆자리에 앉은 시킴 사람에게 "몇 시에 도착하냐?"고 물어보니 그는 어깨만 으쓱할 뿐 말이 없다. 물어본 나도 으쓱할 수밖에….

공항에서 다르질링까지의 거리는 약 100km 남짓하다. 하지만 도로의 경사도가 심하고 지난 여름에 내린 폭우로 말미암아 길이 많이 유실되어 현재 보수 공사 중이라 시간이 얼마나 걸릴지 모르겠다는 뜻에서 나오는 인도식 답변이리라….

칸첸중가 설산 기슭으로

실로 오랜만에 인도 동북부에 도착했으니 가볼 곳도 많고 찍을 것도 많지만, 추워지는 날씨에 쫓겨서 '샴발라의 4개 후보지'

—— 티베트 경전 『시륜경(*Kalachakra Tantra*, 時輪經)』에 묘사된 〈샴발라 6국 변상도〉. 이 상향 '샴발라'를 둥근 '만다라' 구도의 탕카 형태로 그린 벽화로 샴발라 왕국은 사방이 설산으로 둘러싸여서 사바세계와 단절되어 있다. 중앙의 샴발라 왕국의 도읍지인 '깔라파(Kalapa)'를 중심으로 8개 소왕국이 자리를 잡고 있으며, 황금사원과 크고 작은 초르텐(塔)이 푸른 초원과 기화요초들과 큰 나무들 사이에 자리를 잡고 있다. 그리고 그 사이로 연화생대사 빠드마삼바바(Padmasambhava)를 비롯한 티베트 불교의 중요한 불보살들과 신장님들이 좌정하고 있다.

중의 한 곳으로 추정되고 있는 칸첸중가 산기슭으로 우선 방향을 정했다. 이번 순례길의 '키워드'가 '싱가리라 vs 샹그릴라 vs 샴발라'의 연결고리이기 때문이기도 하다. 이 세 단어는 조금씩 다르긴 하지만 모두 유토피아적 이상향을 가리키는 용어들이란 공통점이 있다.

사실 내가 역마살 핑계를 대고 반평생 동안 찾아 헤매던 화두는 '샴발라(Shambhala)'이다. 오래전 티베트 문헌에서 신비한 이상향에 대한 이야기를 접하고 나서 그 흡인력에 끌려 오랫동안 아니, 거의 반평생을 그곳을 찾아 헤맸지만 물론 결과는 '역시나'였다.

그러나 그럴 때마다 "샴발라는 다차원의 블랙홀같이 의외의 공간에 감추어져 있어서 시절인연이 닿을 때만 열린다."라는 말을 곱씹어가면서 또다시 배낭을 둘러메고 떠나기를 여러 차례 되풀이하였다. 그러다가 최근 웹서핑을 하다가 비슷하지만 처음 보는 이름인 '싱가리라'를 접하고서는 잠자던 역마살이 다시 도졌다. 급기야는 원고 집필을 핑계 삼아 다시 영혼의 순례자가 되어 이 칸첸중가 설산 기슭을 올라가고 있었던 것이다.

칸첸중가 설산은 북으로는 티베트, 서쪽으로는 네팔, 동남쪽으로는 인도의 다르질링과 시킴 그리고 부탄 왕국과 국경을 맞대고 있다. 높이가 8,586m의 거봉으로 8천m가 넘는 봉우리가 5개나 된다고 하여 '5개(Junga) 눈의 보고寶庫'라고도 불린다. 특히 남쪽 기슭은 드넓은 아열대 삼림지대가 펼쳐져 있는데, 인도 당국은 1986년 이 일대를 야생동물보호구역으로, 1992년에는 '싱가리라국립공원'으로 지정하여 이 일대의 자연생태계를 보호하고 있다. 그렇기에 개방은 하였지만 개별여행은 불가능하고 전문 트레킹 회사를 통한 단체투어 허가를 받아야만 출입이 가능하게 되어 있다.

그렇기에 수속을 대행해 준다는 트레킹 회사를 수소문한 끝에 당일치기 트레킹 예약을 하고는 아침에 가이드가 몰고 온 대절 차에 몸을 실었다. 공원 사무실에서 필요한 사항을 기입하고는 트레킹 코스의 시발점인 마네이 반장(Maney Bhanjyang)을 출발하여 이른바 '칸첸중가 릿지'를 타고 산닥푸(Sandakphu) 트레킹으로 이어지는 19km의 능선길에 올라섰다. 물론 대설산의 장엄한 모습을 바라보며 무아지경으로 걷는 환상적인 코스이기는 하나, 나의 목적이 설산의 장엄함을 즐기는 것보다는 여기 어딘가에 숨어 있을 것이라는 샴발라의 후보지에 신경이 쏠리는 것은 어쩔 수가 없었다.

싱가리라, 샹그릴라, 샴발라

이 '싱가리라'가 미지의 베일을 벗고 세상에 존재를 드러낸 것은 영국의 죠셉(Joseph Dalton Hooker, 1817~1911)에 의해서였다. 식

―― 샹그릴라를 상상하며 그린 나의 작품.

물학자이자 탐험가인 그는 영국 동인도회사 대표 아치볼드 캠벨(Archibald Campbell)의 협조로 시킴 왕국의 통행을 허락받아 1949년 브리얀(Brian Houghton Hodgson, 1801~1894)과 함께 이 지방을 탐험하게 되었다. 그러다가 국경지대에 자리 잡은 이 전인미답의 처녀지를 발견하고는 '샹그릴라'를 세상에 알린 제임스 힐튼의 소설을 패러디하여 비슷한 이름인 '싱가리라'로 명명했다고 한다. 이 추측의 당위성은 16년이란 시간차에 있다. 그 소설이 세상에 회자된 때가 1933년이니까.

샴발라의 전설은 과거 천여 년 동안 설역고원의 민초들의 가슴 속에 살아 있는 유토피아였고 과학문명이 신을 만들어 내는 현재에도 진행형으로 영원히 풀지 못하는 상상 속의 테마파크이다.*

반면 '샹그릴라(Shangri-La)'는 1933년 발행된 제임스 힐튼이 쓴 『잃어버린 지평선(Lost Horizon)』이란 소설의 무대인데, 그 독특한 소재로 인해 대단한 인기를 얻으면서 샹그릴라 열풍을 일으켰다. 소설에 이어 영화**로까지 만들어지면서 인도, 네팔, 부탄, 시킴 그리고 중국 등이 저마다 '샹그릴라류類 테마파크' 장사에 열을 올리게 되는 계기가 되었다. 그러니까 정리하면, "샹그릴라는 샴발라의 영어 버전이다."라고 정의를 내릴 수 있고, 오늘의 '싱가리라'는 또 다른 패러디에 해당된다.

◇◇◇◇◇◇◇

*   2000년도인가, 일산 호수공원에서 〈티베트 탕카전〉이 열린 적이 있다. 그때 나는 그 전시회의 큐레이터로 참가했다. 그 그림 중에서 〈시륜경사대종단성도時輪經四大種壇城圖〉와 〈천구절첩설도天球折疊設圖〉란 제목을 본 순간, 나는 충격을 받지 않을 수 없었다. '절첩'이란 뜻은 '접다', '개다'라는 의미이니, 이 말은 '우주를 접거나 갠다'라는 뜻이었다. 그러니까 이 일련의 그림들은 현대물리학에서 요즘 가설로 제기되는 다차원多次元의 개념이나 블랙홀(Black hole)이나 우주공간의 주름설 같은 가설과 상통하는 것이었기 때문이다. 그때의 신선한 충격은 그 뒤 내게 묵직한 화두로 남았고, 그것이 나를 티베트 마니아로 만들었다. 나아가 '샴발라'라는 곳이 시간이나 공간이 주름 잡혀 겹쳐진 곳에 정말로 존재할 수 있을지도 모르겠다는 긍정론으로 기울기도 했다.

** 『잃어버린 지평선(Lost Horizon)』은 그 뒤 같은 이름의 흑백영화로 제작되어 세계적으로 상영되었는데, 1960년대에는 우리나라 TV에 방송되었고, 몇몇 출판사에서 같은 이름으로 번역판도 출간되었다.

숨겨진 공간의 타임게이트(Time Gate)

티베트 불교대장경 『텐규르』 속에 들어 있는 문헌들에 의하면 샴발라를 여는 키워드는 '깔라차크라 딴트라(Kalacakra Tantra, 時輪 經軌)'인데, 사실 이 단어는 우리에게 익숙하지 않기에 한 번 더 풀이해 보면 '시간의 수레바퀴' 정도로 정리된다. 바꿔 말하자면 혹 어떤 사람이 요행히 샴발라의 문턱에 도착하였더라도 '시간의 문'이 열리지 않으면 그곳은 눈과 바위만 있는 삭막한 공간일 뿐이라는 것이다.

그러기에 "샴발라는 시간 속에 숨어 있을 것이다."라는 대명제로 돌아가 볼 필요도 있다. 인식의 변화가 필요한 시점이라는 말인데, 사실 "시간의 수레바퀴를 돌린다."라는 난해함을 넘어 신비스러운 경지를 간략하게 설명한다는 것은 불가능하다는 것을 모르지 않는다. 첨단 과학적 이론을 동원하여 4차원, 11차원, '초끈이론(super string)'*으로 설명하지만 여전히 난해하니 역마살의 나그네로서는 불감당이 아닐 수 없다.

◇◇◇◇◇◇

* 초끈이론(super string)은 상대성이론과 양자역학이 가진 이론적인 한계를 극복하기 위해 우주의 최소 구성단위를 양성자, 중성자, 전자 등과 같은 소립자나 쿼크보다 훨씬 작으면서도 끊임없이 진동하는 아주 가느다란 끈으로 보는데, 이 이론에 의하면 우리가 살고 있는 우주 외에도 수많은 다른 공간이 있고 각 공간은 각각의 물리법칙에 따라 존재한다고 한다고 한다.

'바율 데모쫑'은 어디에?

샴발라로 가는 가이드북은 4종류**가 있지만 난해하기 그지없다. 다행히 현대작가 애드윈(Edwin Bernbaum)이 15세기 빠드마 린바(Padma Linba)라는 굴장사가 발견한 기록을 편집하고 참고도록까지 집어넣어 『샴발라로 가는 길(The Way to Shambhala)』을 출판하여 우리도 샴발라 속을 들여다볼 수 있게 되었는데, 이에 의하면 샴발라의 후보지는 4곳으로 요약된다. 바로 켐바룽, 바율 데모쫑, 페마코, 창데모쫑 등이다. 그 가운데 두 번째가 칸첸중가 산기슭에 있다는 '바율 데모쫑(Bayul Demojong)'으로 바로 우리들의 목적지이다.

'쌀(과일)이 숨겨진 골짜기'라는 뜻이 의미하듯, 이 전설은 신비한 쌀이 모티브로 등장하는 '아라비안나이트류'의 장황한 설화여서 이를 모두 전재할 수는 없다. 하지만 실질적인 이 '바율 데모쫑'의 역사는 15세기 릭진 고뎀(Rigdzin Gödem, 1337~1408)이라는 숨겨진 경전과 보물을 찾아다니는 굴장사堀藏師, 즉 '테르뙨'에 의해 발견되었다고 한다. 그는 살기 좋은 골짜기를 발견하고는 다시는

** 린뿡(Rinpung Nawang Jigdag)의 『사명을 가진 사자使者』를 비롯하여 싸캬빠 시대에 무명작가에 의해 저술된 것과 따라나타(Taranatha)의 『깔라파 죽파(Kalapa Jugpa)』와 3대 빤첸라마의 『람익』이 있다.

─── 다르질링, 시킴과 부탄으로 가는 관문 바그도그라(Bagdogra) 국제공항.

─── 트레킹 도중에 펼쳐진 연봉을 바라보며 휴식 중인 필자.

— 샴발라로 들어가는 열쇠가 숨겨져 있다는 깔라차크라 만다라(Kalachakra Mandala).

— 제임스 힐튼(James Hilton)의 소설 Lost Horizon 표지.

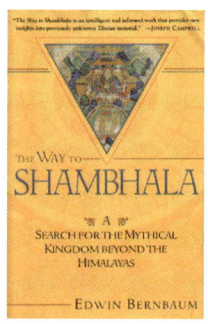

— 샴발라 가이드북 The Way to Sambhala 표지.

— 싱가리라국립공원 입구.

— 제임스 힐튼의 책 『잃어버린 지평선』의 한국어 번역본.

고향으로 돌아가지 않고 대신 편지를 써서 독수리의 목에 묶어 고향의 사원으로 날려 보냈다고 한다. 그 편지에는 그곳을 찾아 가는 방법이 자세히 적혀 있어서 여러 명의 도전자들이 찾아 나섰지만 모두 실패했다고 한다.

그리고 다시 오랜 세월이 흐른 뒤 시절인연이 무르익을 때가 되었을 때, 남캬르 직메(Namkha Jikmé, 1597~1653)라는 수행승이 기록을 더듬어 그 골짜기를 찾아내어 딴트라 수행을 완성하였고, 그에 의해 선출된 인물인 '초걀(Chogyal)' 대에 이르러 작은 왕조가 만들어졌다. 이름하여 시킴(Sikkim) 왕국의 효시이다.

『바로도 퇴돌』의 출현지
부띠아 부스티 사원

국내에 티베트학(Tibetanlogy)이 소개된 지 어언 30여 년이 지난 요즘은 『바르도 퇴돌(Bardo thödol)』을 굳이 『티베트 사자의 서』라고 번역하지 않아도 될 정도로 이 단어의 인지도가 높아졌다. 어찌 보면 『성경』에 버금가는 초베스트셀러 또는 초밀리언셀러 반열에 오르게 된 배경에서 비롯되었을 것이다. 나아가 비록 고국은 잃었지만 티베트 불교가 범세계적으로 세력을 넓혀 나가 일종의 신드롬을 일으킨 것에서 초래된 자연스러운 결과물의 한 면이라 부를 수도 있을 것이다.

『바로도 퇴돌』의 출현

아무튼 이 『바로도 퇴돌』이 천년의 어둠 속에서 세상에 출현한 지는 수백 년이 되었고, 영역英譯되는 계기를 만난 것은 한 세기

―― 부띠아 사원의 라캉[法堂].

―― 『바로도 퇴돌』이 발견된 부띠아 사원으로 들어가는 대문.

정도밖에 안 되었다. 그런 것을 감안하면 그 상승세는 한마디로 비상飛翔에 가깝다고 할 수 있다.

실제로 이 글을 쓰기 위해 구글을 뒤져보니 실로 막대한 자료와 이미지가 끝없이 튀어나왔다. 티베트어본과 한국어본을 제외하고서라도 다양한 언어(영어, 불어, 독어, 이탈리아어, 중국어, 일본어)로 된 수백 수천 가지 버전이 무한대의 공간에 널려 있었다. 예를 들면 읽기 용도의 종이책은 이미 고전이 되어 가고 보기용과 듣기용의 상품성 짙은 것들도 넘쳐나고 있었다. 이는 티베트에 대한 정보를 구하기 정말 어려웠던 티베트학의 초창기를 돌아보면 격세지감을 느끼게 한다.

이와 같은 현재 상황을 한두 마디로 요약할 수는 없다. 아무튼 이 문헌은 기존의 종교와 학문이 기피해 왔던 죽음 뒤의 문제를

—— 각국 언어로 번역 출판된 『바로도 퇴돌』.
왼쪽부터 영어판(칼융 해설본), 이탈리어판, 불어판, 한국어판.

정면으로 다룬 최초의 이질적인 정보였다. 종교의 장벽을 뛰어넘어 심리학, 유식학唯識學의 깊숙한 내부로까지 들어가 그 누구도 가보지 못했던 죽음 너머 미지의 세계를 단계적으로 안내하고 있는 것이다. 결국 이는 "인간이 어떻게 죽음을 맞이해야 하는가?"라는 대명제로 귀결되고 있기에, 그간 모든 종교로부터 고의적으로 죽음에 대한 정보를 차단당해 왔던 현대인들의 갈증을 채워주기에 충분했던 것이다.

부띠아 사원에서의 시절인연

요즘 내가 자주 순유巡遊하고 다니는 칸첸중가 기슭에는 이 『바로도 퇴돌』과 관련된 매우 흥미로운 곳이 있기에 발길을 옮겨 보기로 한다. 바로 '부띠아 부스티(Bhutia Busty G.)' 사원이다. 여기서 '부띠아'는 지명이고, 정식 사원의 명칭은 '까르마 도르제 촐링(Karma Dorje Chyoling)'으로 옛 시킴 왕국 말기 때 세워진 조그만 까규 홍모파에 속하는 곰빠이다. 인도 동북부 다르질링의 중심지 실리구리(Siliguri)의 중앙광장에서 찬드라 다스 길(CR Das Road)을 따라 약 1km쯤 내려가다가 왼쪽 비탈길로 올라가면 되는데, 약도에는 사원의 위치가 대부분 찍혀 있지만 위치 정보를 제대로 파악하지 않고 갔다가는 헛걸음치기 쉬운 곳이다.

—— 부띠아 사원에서.

이 자그마한 곰빠에서 세계 철학사상사의 한 획을 긋는 『바로도 퇴돌』이란 고문서가 시절인연에 따라 사바세계에 출현하게 되었다. 굳이 순서를 따져 보자면 두 번째 출현이었다. 물론 첫 번째는 구루 린뽀체의 신비한 비법을 전수받아 14세기에 태어난 '릭진 까르마 그링빠(Rigshdzin Karma Glingpa)'에 의한 발굴을 말한다. 그는 그 후 출현한 수많은 '테르퇸(Terthön, 堀藏師)'의 원조격 인물로 북방 티베트 세르단 강기슭 감포다르산의 한 동굴에서 스승의 손때 묻은 유물과 두루마리 상태의 고문서를 발견하여 복사본을 여러 권 만들었다고 한다. 최근 학계에서 연구된 결과로는 부띠아에서 발견된 『바로도 퇴돌』도 그중의 한 부분으로 추정하고 있다.

── 『바로도 퇴돌』의 영역자 라마카지 다와삼둡(왼쪽)과 편집자 에반스 웬츠(오른쪽). 1919년 시킴 갱톡Gangtok.

'릭진'이란 이름을 사용하는 그의 후예들은 수백 년이 지난 후에 한 명씩 다시 세상으로 환생하여 스승으로부터 주어진 사명대로 그 경전들을 동굴 속에서 꺼내서 세상에 유포시키고 있다고 한다. 현재까지 이들이 찾아낸 경전들은 65권에 이르는데, 아직도 많은 경전들이 이처럼 시절인연을 기다리며 어둠 속에 묻혀 있다고도 전하고 있다.

원조 테르퇸 릭진 까르마가 발굴한 필사본의 원제목은 '바르도 퇴돌 첸모'였다. 여기서 '바르도'는 '둘 사이'라는 뜻으로 '이승과 저승 사이'의 틈새를 의미하고, '퇴돌'은 '듣는 것만으로도'란 뜻이고, '첸모'는 '위대한 가르침'이다. 그러므로 제목을 오롯이 번역하면 "사후세계의 중간상태에서 듣는 것만으로도 영원한 자유에 이르는 위대한 가르침"이란 뜻이 된다.

『바로도 퇴돌』의 비상飛翔

다시 두 번째 출현으로 돌아가 보자. 1919년 옥스퍼드대학의 불교학 교수 에반스 웬츠(Evans Wents)는 어떤 현몽現夢에 따라 이 부스띠 사원에 들러서 까규 종파 홍모파의 젊은 승려에게 낡고 오래된 필사본 '경전 묶음(經軌)'을 얻게 되었다. 월계수나무 껍질로 만든 종이에 티베트어로 쓰인 가로 24.1cm, 세로 8.4cm로 된 고문서였다. 총 137매였는데, 그중 14장의 삽화도 들어 있었다. 발견 당시 150년 내지 200년 된 것으로 추정된 이 고문서는 의식용으로 오랫동안 많이 사용되어 매우 낡은 상태였다고 한다.

노란 비단 보자기에 싸인 이 경궤 뭉치를 받아든 웬츠는 시킴의 갱톡으로 가서 티베트어와 산스크리트어에 능통한 라마카지 다와삼둡(Lama Kazi Dawa Samdup, 1868~1922)의 제자로 입문하여 같이 작업에 착수하여 번역, 주석, 편집을 마치고 8년 만인 1927년에 드디어 『티베트 사자의 서(The Tibetan Book of Dead)』란 이름으로 옥스퍼드대학에서 출판하였다.

— 색칠한 목판본 경궤經軌.

— 목판본 먹물 인출 경궤.

이 책은 발행되자마자 서구 세계에서 엄청난 반응을 불러일으켰는데, 당시 현대 분석심리학의 거장 칼 융(Carl Gustav Jung, 1875~1961)도 큰 영향을 받아서 『우나 살루스―대자유에 이르는 길』이란 해설서를 써서 이 책의 주가를 올리는 데 큰 역할을 하였다. 그는 초판과 재판에서 다음과 같이 썼다.

—— 부띠아 사원 뒤편으로 보이는 칸첸중가 설산의 웅장한 자태.

『바로도 퇴돌』을 번역한 라마카지 다와삼둡과 에반스 웬츠에게 나 자신이 큰 빚을 졌음을 고백하지 않을 수 없다. 그 빚을 탕감하는 길은 독자들의 이해를 돕기 위해 이 경전에 담긴 거대한 사상과 주제들을 심리학자의 입장에서 해설하는 것이다. - 초판

『바로도 퇴돌』의 초판이 나온 이래 수년 동안 이 책은 언제나 내 손에서 떠나지 않았다. 나는 이 책에서 새로운 생각과 발견을 위한 영감을 얻었을 뿐만 아니라 수많은 근본적인 통찰력을 얻었음을 고백하지 않을 수 없다. (중략) 이 문헌은 원시적인 야만인이나 신들의 세계가 아닌 인간존재를 향해 말을 걸어오는 지성적인 철학으로 그 속에는 '불교심리학의 핵심'이 담겨 있다. 이런 대목에서 이 책은 어떤 것과 비교할 수 없는 탁월한 문헌이 아닐 수 없다. - 재판

최고의 성지
따시딩 사원

히말라야산맥 동부에 솟아 있는 칸첸중가(Kangchen-Junga)는 8천 미터급 고봉들이 5개나 무리 지은 설산군으로 그 남쪽 기슭으로는 예로부터 시킴과 부탄 왕국이 터전을 잡고 수준 높은 불교 왕국으로서 번영을 누려왔다. 이 지역을 최근에는 '다-시-부'로 약칭하고 있지만, 티베트어로는 '바율 데모쫑(Bayul Demojong)'에 해당된다.

이상향 바율 데모쫑

티베트 불교 대장경 『텐규르』 속에 들어 있는 여러 문헌들에 의하면 샴발라의 무대는 4곳, 즉 켐바룽, 바율 데모쫑, 페마코, 창 데모쫑으로 알려져 있다. 그중 두 번째가 바로 '바율 데모쫑'인데, '쌀의 숨겨진 골짜기'라는 어원을 가진 이곳에는 신비한 쌀이 등

── 히말라야 남쪽 기슭의 따시딩 자연보존구역은 온화한 기후 탓으로
아열대우림이 울울창창하다.

장하는 설화가 오래전부터 구전口傳되어 내려오고 있다.

> 옛날 어느 목부가 양떼를 몰고 풀이 우거진 곳을 찾아다니며 방목을 하게 되었는데, 어느 날 저녁 때 집으로 돌아오려고 양떼의 숫자를 세어보니 몇 마리가 보이지 않았다. 그는 양떼의 발자국을 따라 어떤 낯선 골짜기로 들어가게 되었는데, 뜻밖에도 그곳에는 넓고 아름다운 골짜기가 펼쳐져 있었고, 그 안에는 7, 8가구 정도의 사람들이 살고 있었다.

물론 숨겨진 비경을 처음 발견하고 여러 가지 신비한 전설을 연출하게 만든 인물이 바로 구루 린뽀체(Guru Rinpoche)이다. 하지만 실질적인 바율의 역사는 14세기 릭진 고뎀(Rigdzin Gödem, 1337~1408)이라는 닝마빠의 한 수행승에 의해 시작되었다.

그는 숨겨진 고문헌이나 밀교의 의식도구 같은 진귀한 유물을 찾아다니는 테르퇸, 즉 굴장사掘藏師였는데, 시절인연(구루 린뽀체의 안배)에 따라 기후가 온화하고 산물은 풍요롭고 경치는 아름다우며, 무엇보다 신비로운 골짜기를 발견하게 된 것이다. 그리고 그곳에 정착하여 다시는 고향으로 돌아가지 않았고, 대신 독수리 편에 고향으로 편지를 보내 그곳을 찾아오도록 방법을 알려주었다. 그리하여 여러 명의 도전자가 그곳을 찾아 길을 떠났지만 모두 실패하고 말았는지 '이상향 샴발라'*는 믿거나 말거나 한 전설로 굳어져 버렸다.

그렇게 오랫동안 시간의 수레바퀴가 돌아가자 비록 외부세계에는 알려지지 않은 곳이지만 이미 골짜기 안에 정착한 사람들은 온화한 기후와 풍부한 수량 덕분으로 풍요로운 삶을 이어 나갔다.

---

* 달라이 라마 성하는 1985년 보드가야의 깔라차크라 입문식에서 "샴발라는 특별한 수행력을 가진 사람들이 그들의 업業(Karma)에 의해서 갈 수는 있지만, 그러나 우리가 실제로 찾을 수 있는 물리적 장소는 아니고 인간계의 정토라고 말할 수밖에 없습니다. 그래서 공덕과 선업을 쌓지 않으면 실제로 도달할 수 없습니다."라고 하였다.

그리하여 인구가 많이 늘어나 어떤 사회적 규범과 규제가 필요한 시기가 되었을 때, 역시 구루 린뽀체의 안배에 따라 3명의 수행승들*이 비전秘傳의 기록을 더듬어 그 골짜기를 찾아 들어오게 되었다.

그들은 겔룩빠의 등쌀에 밀려 새로운 수행처를 찾아다니던 닝마빠의 수행자들이었다. 그들은 각각 다른 방향으로 들어와서 우연히 만나 비전의 『깔라차크라 딴트라(Kalachakra Tantra, 時輪經)』**의 통치철학이 구현되는 이상적인 불국토를 만들려는 원대한 꿈을 실현하기로 의기투합하여 우선 지도자가 될 만한 인물을 찾아다녔다. 그러다가 1641년 마침내 푼촉 남걀(Phuntsog Namgyal)이란 큰 재목을 찾아내어 육솜(Yuksom)이란 길지를 도읍지로 정하고 노브르강에서 즉위식을 치렀다. 바로 시킴 왕국의 초걀(Chogyal) 왕조의 시작이었다.

---

* 3명의 이름은 꺼톡릭씬, 느가닥, 랏쑨 첸뽀라고 하는데, 이들은 오래전 빠드마삼바바에 의해 예언된 것이라고 전해지고 있다. 또한 따시딩의 창건 설화에도 이들은 관련이 있다고 한다. 그들은 칸첸중가 꼭대기에서 밝은 빛이 반사되어 현재의 따시딩 수도원이 세워진 장소 근처에 반사되는 특이한 현상과 향긋한 향내음을 맡기도 하고 하늘의 음악도 들었다고 한다.

** 우리가 알고 있는 딴트라 불교의 소의경전이 『깔라차크라-딴트라(Kalachakra-Tantra)』인데, 이 속에는 신비한 '샴발라 왕국'에 대한 이야기가 소개되고 있다. 이에 의하면 싸꺄모니 붓다 재세시 직접 샴발라의 수찬드라(Suchandra) 왕의 요청으로 이 경전을 설하였다고 한다.

최고의 성지 따시딩

티베트 권역에서는 '따시Tashi'란 단어가 들어간 곳이 여러 곳 있는데, 대체로 유명한 불교성지이다. 인도 서북부의 라다크의 '따시종'이 그렇고, 동북부의 이 '따시딩'***이 그렇다.

따시딩은 갱톡 서남부 터미널에서 하루 한 번, 새벽에 출발하는 합승 지프를 타고 하루 종일 달려야 도착할 수 있는 벽지이다. 비포장 꼬부랑 고개를 수없이 넘어야 하고, 깊은 계곡을 수없이 건너야 하는 힘든 여정이다. 하지만 막상 목적지에 도착하면 감탄의 탄성이 절로 나올 정도로 그야말로 아름답고 신비스런 곳이다. 우선 바깥세상은 한겨울이지만 따시딩은 천년 고목 숲속에 기화요초가 피어 있는 온화하고 평화로운 곳이고 사람들도 여유로워 보인다.

따시딩 사원, 즉 라캉(Lhakhang)의 정식 명칭은 '드라카르 따시딩(Drakkar Tashiding)'인데 초기 정착자들이 닝마빠의 수행자들이어서 그런지 현재도 닝마빠에 속해 있다. 라캉 주위에는 아름드리 히말라야 소나무가 즐비한데, 그 사이로 수많은 초르텐들이 자리

*** 따시딩의 어원적語源的 의미는 'The devoted central glory'이지만, 의역을 해보면 '헌신적인 최고의 영광' 정도로 풀이된다.

― 아름다운 따시딩 촌락의 일주문.

― 따시딩 사원 전경.

잡고 있어서 어떤 영성적靈性的인 분위기가 감돌고 있다.

이 크고 작은 많은 사리탑의 주인공은 이상향 '바율 데모쫑'의 전설에 이끌려 어쩌다 운 좋게 살아서 흘러들어온 닝마빠 수행자들이다. 특히 이곳을 발견하여 1337년 라캉의 기초를 닦은 릭진 고뎀의 초르텐이 상징적으로 자리를 잡고 있고, 근세의 고승으로 꼽히는 켄쩨 최키(Khyentse Chökyi)의 탑은 후에 그의 손제자孫弟子들에 의해 금박을 입혀 황금색으로 만들어 이채를 띠고 있다.

유서 깊은 4개의 수행동굴

물론 따시딩 라캉도 시킴 제일의 성지로 꼽히지만 그 외에도 많은 참배객들이 몰리는 곳이 있다. 바로 사원을 중심으로 사방으로 퍼져 있는 4개의 수행동굴*들이다. 그 이유는 구루 린뽀체가 실제로 오랜 선정禪定에 들었다고 하는 전설 때문이다.

티베트 불교에서 연화생蓮華生 빠드마삼바바(Padmasambhava)의 인기는 본존불 붓다를 능가한다. 그런 현상을 대변하듯 티베트권 불교에서는 석가모니불은 보기 어렵지만 구루 린뽀체의 어마무시

---

* 사원 조금 못미쳐서 왼쪽으로 오솔길을 따라가면 체추(Tshechu) 동굴과 시트로(Shitro) 동굴로 이어진다.

── 따시딩 사원 경내의 아름드리 천년 고목들과 유서 깊은 초르텐들.

한 크기의 소상은 도처에 즐비하다. 힌두교 나라로 변한 시킴이라고 예외가 아니다. 9세기 때 실존했던 구루 린뽀체는 실존 인물이라기보다 마치 신처럼 경배되고 있어서 본존불 붓다를 넘어 힌두교의 그 많은 신들 중에서도 인기짱인 쉬바(Lord Shiva)를 능가할 정도로 비중이 무겁다.

 그러니까 종합해 보자면 그가 9세기에 처음 따시딩에 발길을 들여놓았을 때 한눈에 천하의 명당임을 알아보았으나 시절인연을 기다리기 위해서 이곳을 봉인封印하고는 숙세의 인연 있는 '테르 퇸'이 나타나 봉인을 풀도록 안배하였다는 이야기로 축약된다. 마치 『티베트 사자의 서』의 출현과 같은 류類로 비유되는 대목이다.

―― 따시딩의 입구에서 순례객들을 맞이하는 기원의 깃발들(Darchog 또는 Lung-Ta).

―― 따시딩 촌락 입구의 거대한 마니벽(Mani-Wall) 앞에서.

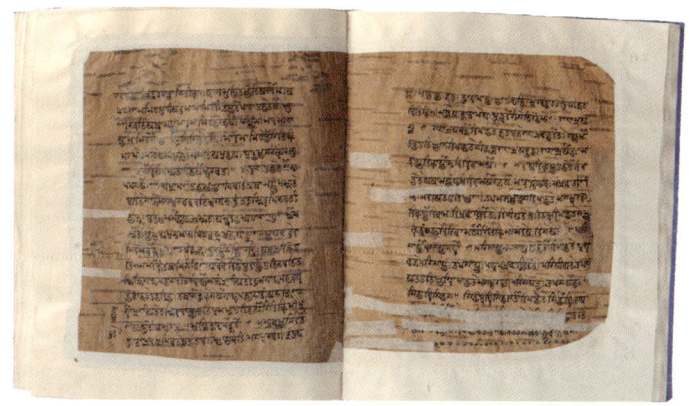

—— 딴트라 문헌인 『비말라쁘라바(Vimalaprabha)』 이미지본. 샴발라 왕국의 25명의 2번째 국왕인 뿐다리까(Pundarika)가 지은 딴트라 해설서.

—— 구루 린뽀체의 체취가 서려 있는 체추북 입구.

1부_ 설산 너머 깨달음의 향기를 따라서

남걀 왕조의
마지막 도읍지 갱톡

'다-시-부'는 요즘 테마여행을 좋아하는 MZ세대에게는 익숙한 용어지만 일반 사람들에게는 그리 친숙하지는 않을 것이다. 인도 동북부 지역의 히말라야 남쪽 산기슭에 자리 잡은 '다르질링+시킴+부탄 왕국'을 묶어서 부르는 호칭이기 때문이기에….

다시 갱톡(Gangtok)으로

내가 사는 네팔 서북부 안나푸르나에서 출발하면 포카라-카트만두-까까라비아타(네)-파니탄키(인)-다르질링-시킴으로 육로가 연결되어 있지만, 아직은 침대버스나 디럭스버스 같은 좀 편한 교통편은 없고 오직 털털이 로컬버스밖에 없다. 만약 나처럼 누군가 이 루트를 통과하려 시도한다면, '집 나가면 개고생'이란 우스갯소리를 여러 번 되새기게 될 것이다.

그런데도 역마살은 나로 하여금 툭하면 배낭을 메게 만든다. 물론 이곳은 이런 개고생을 감내할 정도로 확실히 매력적이고 환상적이기는 하다. 어느 분들은 "안나푸르나에 10년씩이나 살고 있으면서 무슨 욕심을 더 내세요?"라고 힐문하실 수도 있을 터. 하지만 사실 장엄한 칸첸중가(Kangchen-Junga)* 설산을 지척에서 바라볼 수도 있다는 기대감은 웬만한 어려움 정도는 감내할 만큼 설렘으로 다가오는 것이다. 그리고 그곳 도처에 산재해 있는 고색창연한 고대 사원들의 체취를 맡을 수 있다는 뿌듯함과 또한 그곳 원주민들과의 이질적인 접촉에서 오는 신선함 같은 것도 뿌리치기 어려운 유혹 중의 하나일 것이다.

그러나 무엇보다도 나를 이곳으로 향하게 만드는 키워드는 따로 있다. 그것은 바로 자칭타칭 '티베트통'으로 불리는 나만의 확신, 즉 "이곳이 바로 샹그릴라의 실제 무대인 '바율 데모종(Bayul Demojong)'이다."에서 오는 것이다.

어쩌면 숙세의 시절인연이 무르익어 '시간의 수레바퀴 깔라차크라'의 대문이 내 앞에서 문득 열릴지도 모를 일인데, 어찌 잡다한

---

* 칸첸중가는 세계에서 세 번째로 높은 거봉(8,586m)으로 8천 미터가 넘는 5개의 봉우리가 있다. 특히 제2봉인 서봉은 8,505m인데 위성봉이면서도 '얄룽캉'이라는 별도의 이름으로 불리며 독립봉으로서도 인정받고 있어서 최근에는 로체샤르(Lhoche Shar, 8,382m)와 함께 8천 미터 이상의 고봉을 의미하는 14좌에 더해 16좌로 불리기도 한다.

—— 시킴주의 관문인 랑뽀(Rangpo) 체크포스트.

─── 갱톡의 중심지 MG마르그.

세사世事에 얽매여 그 절호의 기회를 놓칠까 보냐? 하는 절박한 심정도 가장 큰 몫을 차지한다.

마하트마 간디 광장에서

이번 순례는 '다-시-부'의 중심지라고 할 수 있는 시킴의 주도 州都 갱톡이 목적지이다. 시킴주는 지정학적으로 중국령 티베트와 이웃하고 있기에 외국인에게는 '여행허가증'*이 필요하지만 그런 약간의 번거로움 때문에 시킴으로의 발걸음을 거둘 수는 없다.

시킴주의 입구 랑뽀(Rangpo) 체크포인트에서 '증'을 받아들고 급경사를 지그재그로 올라가 밤늦게 데오랄리 터미널에 도착하였다. 숙소들이 몰려 있는 눈에 익은 MG광장으로 올라가 설레임 속에 새로운 아침을 맞는 기분은 집 떠나본 나그네만이 알 수 있을 것이다.

갱톡은 남갤 왕조의 마지막 왕이 정도定都한 곳이다. 왕조의 처음 도읍지인 육솜에서 라브텐체-텀롱을 거쳐 네 번째 수도인데, 그런데 못난 위정자의 잘못으로 마지막 도읍지가 되어 버렸고, 지

---

* 내부지역 허가증(Restricted Area Permit)은 SNT(Sikkim National Transport) 상의 여러 곳에서 쉽게 만들 수 있다. 여권, 인도 비자 사본, 증명사진이 필요하며 수수료는 없다.

—— MG마르그에서.

금은 불교적 색채보다는 힌두적 냄새가 나는 곳으로 변해 버렸다.

현재 시킴주의 인구는 통계적으로만 보면 네팔계가 우세하지만, 그래도 15세기부터 이어진 불교 왕국의 전통과 역사는 여전히 시킴의 종교, 문화의 근간을 이루고 있어서 힌두적 느낌보다는 오히려 불교적인 색채**가 강하여 그런 분위기를 좋아하는 뉴에이지류의 순례객들의 발길이 끊이질 않는다.

◇◇◇◇◇◇

** 예로부터 티베트, 네팔의 침입으로 다민족, 다언어 상태로 섞여 살고 있으나 현재는 네팔계가 70%로 네팔어를, 티베트계의 렙차족이 30%로 렙차어를 사용하고 있고, 영어를 국어로 사용하는 상류층도 만만찮다.

1부_ 설산 너머 깨달음의 향기를 따라서

── 급경사면에 자리 잡은 '산꼭대기 도시' 갱톡 전경.

갱톡은 '산꼭대기'라는 뜻을 가진 도시이다. 중심가에 차가 다니지 못하는 중앙광장 MG마르그가 자리 잡고 있는데, 바로 인도의 국부 마하트마 간디의 이름을 딴 거리이다. 대개의 방문객이 객수客愁를 달래려 모여드는 번화가인데, 밤이면 제법 화려하게 변한다.

다음 날 아침, 시내를 한눈에 바라보기 위해서는 가네시 톡(Ganesh Tok) 전망대에 오르면 된다. 시내가 한눈에 내려다보이는데, 자연적으로 '산꼭대기 도시'란 어원이 실감이 나게 만드는 뷰포인트이다. 가파른 산등성이에 삼나무 숲 사이로 수많은 집들이 게딱지같이 다닥다닥 붙어 있고, 그 너머로 옛 시킴 왕궁도 보인다.

갱톡에서 나의 발길을 잡아끄는 곳이 한 곳 더 있다. 세계적인 티베트학의 요람인 남걀티베트학연구소(Namgyal Institute of Tibetology)이다. 데오랄리 터미널에서 구 궁전 방향으로 울창한 숲길을 걸어가면 건물이 나타난다. 이 연구소는 1958년에 문을 열었는데, 수만 권의 티베트 경전과 구 왕실의 소장품을 수장, 전시하고 있는데 세계 최대 규모라고 알려져 있다.

남걀 왕국의 흥망성쇠

이미 이야기한 대로 히말라야 남쪽 산기슭의 온화하고 풍요로운 바율 땅, 즉 현 '다-시-부'로 티베트-버마계의 부족인 렙차족이 이주, 정착함으로써 시킴이란 나라가 시작되었다. 후에 겔룩빠에 밀린 닝마빠의 세 명의 수행승들이 구루 린뽀체의 옛 예언에 따라 이곳으로 들어와 세력을 키워서 국왕을 옹립하여 소박한 왕국을 열었다. 바로 초걀 남걀(Chogyal Namgyal) 왕조이고, 그 장소는 육솜(Yuksom)*이란 곳이었다.

그리고 수도를 몇 차례 옮겨다니며 3백여 년 넘게 티베트 불교

---

* 원래 '육솜'이라는 지명은 '3명의 라마가 만난 장소'라는 뜻이다. 그 후 수도를 육솜-라브텐체-텀롱으로 옮겨다녔다. 이웃 강대국들과의 지정학적 이유에서였다.

—— 냠걀티베트학연구소 정문.

―― 남걀티베트학연구소 2층 서고에는 비단에 쌓인 티베트 경괘經軌가 가득 있다.

―― 남걀티베트학연구소 2층에서 번역 중인 따시남걀 연구원.

1부_ 설산 너머 깨달음의 향기를 따라서

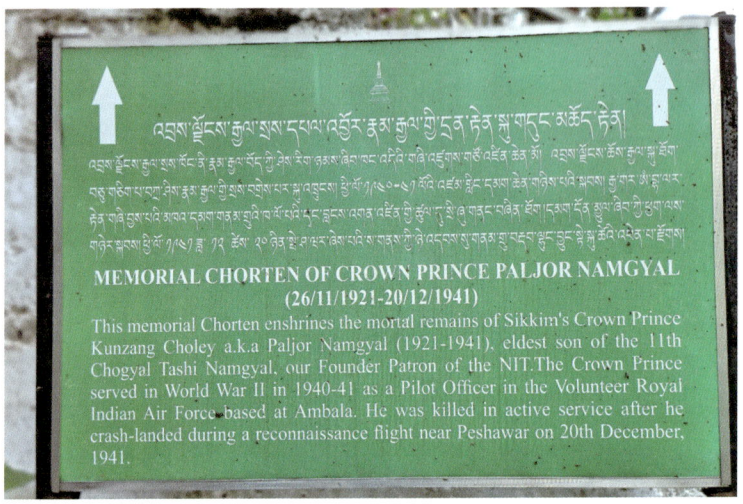

—— 시킴 왕조 마지막 왕세자 빨조르 남갈(Paljor Namgyal, 1921~1941) 초르텐 앞 안내판.

—— 남갈 왕조의 마지막 사진.

라는 우산 아래 이 왕조는 평화롭게 번성하였지만, 근세기에 들어와서는 역사의 돌풍을 맞아 역사의 뒤안길로 사라져 버렸다. 바로 마지막 임금인 빨덴 남걀(Palden T. Namgyal) 대에 이르러 국민들의 불만으로 인한 반란이 일어나면서부터였다.

그 배경은 이러하다. 시킴도 여타 봉건적인 불교 왕국처럼 토지의 대부분을 사원에서 소유하고 있었는데, 이런 제도에 대한 불만이 누적되었다가 반란이 일어났다. 물론 미국인 왕비와의 스캔들도 국민들의 마음을 떠나게 만들었다고 하는 설도 있다.*

이에 신변에 위협을 느낀 왕은 중국과 인도를 놓고 저울질하다가 결국 인도 쪽으로 기울었다. 그리하여 국민투표를 거치는 수순으로 시킴 왕국이란 나라는 자청해서 인도의 22번째 주가 되고 말았다. 1975년의 일이다. 그리하여 히말라야의 군소 왕국들 중에서 라다크 왕국은 인도로, 무스탕 왕국은 네팔로, 시킴 왕국은 인도로 편입되고 말았다. 현재 유일하게 부탄 왕국만 독립적인 왕국의 자리를 지키고 있다. 그러나 실은 부탄도 자국의 군대를 갖지 못하고 있는 인도의 보호령 신세이긴 하다.

---

* 시킴의 마지막 왕인 남걀 초걀은 미국 여인 호프쿠크(Hope Cooke)를 만나 1963년 결혼을 하여 한때 국제적으로 화제를 모은 적이 있었다. 그러나 남걀 초걀이 통치권을 잃자 그녀는 미국으로 돌아가 버렸으며 1980년에 이혼했다. 그 후 남걀은 암으로 쓸쓸하게 세상을 떠났다.

… 다르질링—시킴 ⑤ …

까르마-까규빠의 본산 룸텍 사원

룸텍 사원의 공식 명칭은 '룸텍 다르마 차크라 센터(Rumtek Dharma Chakra Center)'이다. 널리 알려진 대로 까르마-까규빠*의 해외 본산이다. 이곳은 옛 시킴 왕국의 수도였던 갱톡(Gangtok)에서 서쪽으로 24km 떨어져 있는 곳에 자리 잡고 있다. 좁은 2차선 도로에다가 경사도가 급한 꼬부랑 산길이어서 예전에는 지프차로만 방문이 가능했었다. 하지만 요즘은 시내버스로도 오갈 정도로 도로 사정이 좋아져서 부쩍 가까워진 느낌이었다.

그러나 10여 년 만에 다시 찾은 룸텍은 소문대로 삼엄한 경계하에 있어서 입구에서부터 여권을 제시하고 검문검색을 거친 다

---

* 티베트의 4대 종파의 하나인 까규빠는 〈마하무드라(大手印)〉와 〈나로빠의 6법〉를 중심으로 가르침을 이어받는 전통을 지키고 있다. 이 전통은 인도의 틸로빠(988~1069)-나로빠(1016~1100)-마르빠(1012~1097)-밀라래빠(1052~1135)-감뽀빠(1079~1153)에게 전승되었고, 다시 제1대 까르마빠인 뒤쑴 켄파(1110~1193)에게 전승되어 현재의 제17대 까르마빠인 오겐 틴레 도르제(1985~현재)에게로 이어지고 있다.

— 시킴 갱톡 근교의 룸텍 사원 전경.

음에야 가람 안으로 들어갈 수 있었다. 정문을 통과하니 광장이 펼쳐지고 그 한가운데 사원의 파란만장한 역사가 새겨져 있는 석비가 우뚝 서 있다. 발길을 멈추고 한동안 바라보고 있으려니 라싸에서 공부하던 옛일이 주마등처럼 스쳐 지나갔다. 광장 건너편에 검은색과 황금색이 조화를 이룬 건물군들이 서 있는데, 앞쪽 건물이 법당이고 뒤쪽 건물은 '까르마 스리 날란다 불교연구센터(K. Nalanda Shri Institute)'이다. 시킴 지역 티베트 불교의 요람으로 현재 4백여 명의 학승들이 수학하고 있다.

이 센터는 1981년 11월에 문을 열었는데, 인도 바라나시에 있는 삼푸라난다 산스크리트대학의 부속학교이기도 하다. 시킴뿐만 아니라 인도, 부탄, 네팔 등지의 학승들에게도 문호를 열어놓고 있다. 15살부터 입학이 가능하며 10학년제로 운영되고 산스크리트어와 티베트어 외에 영어에도 많은 시간을 할애하고 있다. 졸업생들이 전 세계에 티베트 불교를 알리는 포교사가 되길 바라서이다. 이러한 원력을 세웠던 제16대 까르마빠는 이곳을 발판 삼아 티베트 불교가 세계로 뻗어 나가기를 염원했기에 바로 연구소 맞은편에 그의 사리탑을 세우게 안배하여 지금도 항상 학승들의 독경소리를 듣고 계신다고 한다.

티베트 불교의 잠용, 까르마-까규

현재 티베트 불교의 세계화 바람은 큰 장애는 없어 보이지만 그렇다고 탄탄대로만은 아니다. 바로 연로하신 제14대 달라이 라마 성하의 입적에 따른 후계 구도 문제 때문이다. 성하가 속한 겔룩 종파(Gelukpa sect)는 과거 수백 년 동안 법왕을 겸임하던 막강한 종 파이다. 청나라를 등에 업은 겔룩빠는 당시 역시 원·명나라를 등에 업고 정권을 좌지우지하던 싸캬빠와 까르마빠를 밀어내고 달라이 라마를 국왕으로 하는 신정神政 체제를 확립하여 지

─── 마당 한가운데 파란만장한 사원의 역사를 새겨놓은 아름다운 토번吐蕃 왕국 양식의 석비石碑가 서 있다.

1부_ 설산 너머 깨달음의 향기를 따라서

—— 까르마-까규빠의 총본산 출푸 사원 전경.

금까지 내려왔다. 그러나 성하의 '113세 입적설'에 따른 제15대 달라이 라마의 옹립 문제가 난타전으로 번지면 후계 구도는 복잡해질 수도 있고 티베트 불교의 위상도 흔들릴 수 있다. 우선 예견되는 상황은 적어도 두 명 이상의 제15대 달라이 라마가 탄생할 가능성이 있다.

현재 이 룸텍 사원은 망명객 신분의 제17대 까르마빠 법주인 외겐 틴레 도르제(Ogyen Trinley Dorje, 1985~)의 흑모黑帽와 법좌法座가 있는 곳으로 유명하다. 현 제17대 까르마빠는 티베트 불교 서열상 달라이 라마, 판쩬 라마에 이어 3대 지도자로 성하의 유고

시 티베트 불교를 짊어져야 할 막중한 인물이다. 왜냐하면 2위인 판첸 라마가 중국의 영향력 아래 있기 때문에 더욱 그의 입지는 무척 애처로워 보인다. 그는 현재 해외포교를 위해 도미니카 여권을 사용하여 미국에 체류 중이라는데, 인도 당국은 이를 트집 잡아 그의 '인도거류증'을 무효화시키겠다고 한다. 만약 인도 입국 시에는 외국인처럼 도미니카인으로 인도 비자를 취득해야만 한다는 보도를 내놓고 있다.

사실 그가 목숨을 걸고 티베트 본토의 출푸 사원에서 한겨울에 히말라야를 넘어올 때의 목적지는 사실 다람살라가 아니고 수세기 동안 종파 대대로 인도 대륙의 거점 사원으로 공을 들여온 룸텍 사원이었다. 그러나 그는 망명 24년 동안 자신의 법좌가 마련되어 있는 자기 사원에 발을 들여놓을 수가 없었다. 인도 당국의 거부 때문이다. 물론 그 속내를 들여다보면 경제대국으로 성장한 중국에 대한 '눈치보기'도 작용하고 있지만 또 다른 일설에는 내부적으로는 겔룩빠의 견제 때문이라고도 전한다.

현재 그의 상황은 우리들로 하여금 석연치 않은 느낌을 받게 만든다. 그는 무려 20년 동안 인도 당국으로부터 난민의 자격을 인정받지 못하고 더구나 거처할 사원도 없이 규뙤(Gyoto) 사원이란 겔룩빠 사원에서 얹혀 지내고 있다가 2002년에야 겨우 난민 자격을 부여받았지만 여전히 룸텍으로 들어가지 못하고 있는 처지이다.

법주를 기다리는 룸텍 사원

과거 시킴 왕국과 티베트는 오래전부터 깊은 연결고리가 맺어져 있어서 까규빠는 겔룩빠 대신 시킴 왕국의 사실상 국교 노릇을 해왔을 정도이다. 그 시작은 18세기 당시 시킴 왕국의 4대 쇼갈 지룸드 왕이 성지순례를 떠나면서부터다. 그는 출푸 사원에서 제13대 까르마빠를 만나서 큰 감화를 받고 이후 시킴에 티베트 불교를 받아들이기 시작했다.* 이후로 제9대 까르마빠 왕축 도르제 때 시킴의 국왕이 그의 명성을 듣고 시킴 방문을 요청했으나 여건이 되지 못했다. 그러자 자신을 대신할 고승 한 명을 보내 시킴 지역에 3개의 사원을 건립하였다. 물론 그 가운데 하나가 바로 룸텍 사원이다.

세 번째 연결고리로는 근대 중국의 티베트 침공으로 인해 1959년 제16대 까르마빠가 라싸를 탈출하여 룸텍에 도착했다. 그러나 당시 룸텍은 거의 폐허가 되었기에 시킴 국왕은 땅과 금전을 보시

---

* 평민 복장을 한 이 순례자를 보는 순간 까르마빠는 극진히 대우했기에 지룸드왕은 결국 자신의 신분을 밝히고 시킴으로 돌아가면 까규빠의 사원을 세우겠다고 약속한다. 이에 까르마빠는 허공에 곡식 낱알을 뿌리며 왕을 축복했는데, 그 곡식들은 시킴으로 날아와 시킴 남중부의 작은 마을 라방라에서 6km 떨어진 라롱이라는 지역에 떨어졌고, 이때 하늘에는 무지개가 떴다고 한다. 지룸드왕은 까르마빠와의 약속을 지켜 낱알이 떨어진 라롱 외에도 까규빠 사원을 건립하였다.

—— 출푸 사원을 그린 룸텍 사원의 대형 벽화.

해 사원을 다시 세우도록 하였다. 이에 출푸 사원의 모습을 본떠 4년간 공사 끝에 현재와 거의 같은 모습의 사원을 건립하였다.

중창불사를 끝낸 제16대 까르마빠는 1974년 세계 순방 포교에 나서서 미국, 캐나다, 유럽을 방문하고 로마로 가서 교황 요한 바오로 6세를 만나기도 했다. 그리고 다시 1980년에는 그리스, 영국, 미국, 그리고 서남아시아 등을 방문하여 관정의식과 설법을 하다가 1981년 11월 5일 미국 일리노이주에서 갑자기 열반에* 들었다. 그의 유해는 12월 20일 룸텍 사원으로 공수되어 다비식을 치렀는데, 다비를 하고 난 재灰 위에 그의 발자국 두 개가 티베트를 향하여 찍혀 있었다고 한다.

그리고 공개된 유언장대로 그의 '뚤꾸'는 황소해 5월 8일(1992년 7월 26일)에 동티베트 라톡에서 태어났고 제자들이 그곳으로 가서 그 아이를 찾아내어 여러 가지 시험을 거쳐 마침내 환생자로 확인하고는 7세의 나이로 대관식을 치렀다. 바로 제17대 까르마빠,

◇◇◇◇◇◇

*   그는 임종 전에 '어디에서 환생할 것인가'를 밝힌 유언장을 제자 시투 린뽀체에게 주었다. 1992년 3월 19일, 주요 제자들 -시투, 잠곤, 걀찹, 사마르- 린뽀체가 참석한 가운데 유언장을 열고 해석하여 그의 환생을 찾아낼 것인가를 의논했다. 유언장에는 다음과 같이 적혀 있었다. "애마호, 깨달음은 언제나 환희이어라./법계에는 중생도 가장자리도 없어라./여기서 북쪽, 눈의 나라가 동쪽에는/성스러운 번개가 종종 번쩍이는 마을이 있네.(중략) 로라가로/땅을 위해 쓰인 해에(태어나며)/신비한 흰 소라 고동 소리 널리(퍼지며)(이분이) 까르마빠라네."

―― 제16대 까르마빠 & 제17대 까르마빠 포로필 대조.

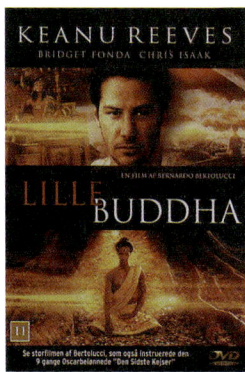

―― 까르마빠를 노래한 유명한 CD표지 'Sacred Buddha CD, 1996', Sina Bodjani.

―― 클레멘스 감독의 다큐 〈Living Buddha〉.

―― 키아누 리브스 주연의 영화 〈Little Buddha〉.

—— 룸텍에서 바라본 갱톡 시가지.

외겐 틴레 도르제이다. 처음 중국 정부는 그를 지지하여 마치 판첸 라마처럼 어용으로 만들 속셈이었으나 극적인 반전이 일어날 줄 어느 누가 알았으리?

새천년이 시작되는 1999년 12월 28일 밤 10시, 그와 최측근들은 출푸 사원을 몰래 빠져나와 히말라야산맥을 넘어 2000년 1월 5일 인도 다람살라에 도착하여 온 세상을 놀라게 했다. 그는 시가쩨, 라쩨를 통과하여 얄룽짱뽀강을 건너 추위와 고산병으로 사투를 벌이며 뉼라(5400m), 토롱라 고개(Torung-la, 5415m)를 넘어 네팔에 도착하여 다시 인도로 향하였다. 토롱라는 현재 유명한 트레킹 코스인 '안나푸르나 서킷트'의 난코스인 고개를 말한다.

사바세계에
구현된 불국토 부탄 왕국

종교사적으로 보면 중세시대에는 봉건왕조가 특정 종교와 손을 잡고 우매한 민중을 다스렸던 통치방식이 일반적이었다. 그러나 근현대에 이르러서는 일부 나라를 제외한 지구촌의 대부분의 국가들은 대의민주적인 공화정치체제로 탈바꿈하였고, 종교 또한 정치에서 분리되어 나갔다.

물론 아직도 종교의 힘이 절대적인 일부 국가들이 없는 것은 아니지만 그러나 유독 불교를 국교로 채택한 나라는 드물다. 과거에는 티베트의 위성왕국인 부탄, 시킴, 무스탕, 라다크 등과 동남아시아의 몇몇 나라들이 불교국가로 분류되었지만, 현대에는 부탄(Bhutan) 왕국이 유일한 불교국가에 해당된다.

그런 면에서 부탄의 경우는 미래지향적 세계불교사의 관점에서 볼 때 전 세계 불교도들에게 시사하는 바가 크다고 할 수 있다. 물론 부탄 왕국도 입헌군주제를 선택하였고, 헌법상 종교의 자유는 있다. 그러나 불교의 위치가 절대적이어서 국교와 다름이 없다는 사실은 재론의 여지가 없을 것이다.

지구촌 유일의 불교국가

―― 둑빠-까규빠의 심볼인 화룡 火龍이 그려진 부탄 왕국의 국기.

'부탄'이라는 국명은 산스크리트어로 '티베트의 끝'이란 뜻인 '보따-안따'에서 나온 것으로, 고대 티베트를 가리키던 '보드(Bõd)'의 '끝'이라는 뜻을 포함하고 있다. 널리 알려진 대로 부탄 불교는 한국식 분류인 '소승과 대승' 또는 '남방과 북방'에는 속하지 않고 '금강승金剛乘(Tantra-Yana)'이라 부른다. 더 세분하면 티베트 불교의 4대 종파*의 까규빠에서 갈라져 나온 '둑빠-까규(Drukpa Kagyu)'라는 종파로 분류된다.

부탄 왕국은 바로 이 둑빠-까규에 의해 통치되고 있다. 그 근

---

* 4개 종파는 겔룩빠, 싸카빠, 까규빠, 닝마빠이다. 이중 닝마빠는 '구파'라는 뜻으로 가장 역사가 오래된 종파이고 나머지 3개의 종파는 모두 신파(sarma)라고 한다. 그중 특히 밀교수행을 주로 하는 까규빠는 둑빠, 까르마, 꽉모둑빠, 지쿵 등 12개 분파로 갈라졌다.

―― 샴발라 게이트.

—— 한겨울에도 복사꽃이 만발한 부탄.

거를 꼽아 보자면, 첫째, 국왕과 나란히 이원 체제로 나랏일을 이끌어가는 국사國師격인 제켐뽀(Je Khempo)*라는 직책을 이 종단에서 선출하기 때문이다. 그렇기에 이 종단의 비중은 어느 집단보다 막강하다.

둘째, 부탄인들이 즐겨 사용하는 말이 둑윸(Druk-Yul)인데, 이는 '화룡火龍(Thunder Dragon)의 땅'이란 뜻으로 국왕의 호칭(Druk-

◇◇◇◇◇◇◇◇

* 현재의 제켐뽀(트리구 지미 체드라)는 제40대로서 제6대에 불과한 부탄의 국왕보다 역사가 오래다.

—— 삼발라국의 수도 깔라빠를 본떠 설계한 부탄의 수도 팀푸.

Gyalpo)과 행정수반인 총리의 호칭(Desi Druk)에도 들어 있다. 역시 둑빠-까규의 영향력이니 말하자면 온통 '화룡의 나라'인 셈이다.

셋째, 부탄의 정부 청사를 쫑(Dzong)이라 부르는데, 마치 요새 같은 이 건물을 둑빠 승려들과 행정부, 사법부 관리들이 나누어 사용하고 있다. 티베트의 수도 라싸의 포탈라(Potala) 궁전처럼 '홍궁과 백궁'으로 나누어 나라를 다스리는 전형적인 불교국가 체제를 답습하고 있다. 이는 종단이 중생들의 삶에 능동적으로 참여하고 있다는 말이 된다. 그러므로 당연히 이 건물 안에서나 밖에서나 둑빠 승려의 비중은 어떤 집단보다 무거울 수밖에 없다. 그

외에도 부탄은 한반도 5분의 1 크기에 불과하지만 무려 3천여 개의 사원과 총인구 70여만 명 중 2만여 명이 승려라는 수치도 불교국가로서의 위상을 반영하고 있다.

깔라차크라에 의한 통치철학

얼마 전 부탄 왕국의 법원은 14세기의 다리도사 탕통 걀뽀가 만든 다리의 쇠사슬을 훔친 44세 남성에게 징역 3년이란 중형을 이례적으로 선고했다. 부탄에서는 불상이나 초르텐 같은 불교유산을 훼손하는 경우는 1급 범죄에 해당한다. 이는 기타 문화유산, 기념물을 훼손이나 파괴, 도굴하는 등의 4급 범죄보다 형량이 더욱 무거움을 보여준다.

또한 불교신도로서 계율을 지키지 않는 것도 범법행위에 해당한다. 비유하자면 우리 불교에서는 바라이죄[*]를 지은 이는 승려 자격을 잃는 것으로 끝나지만 부탄에서는 나라의 형법에 의해 처벌을 받는다. 이는 '지혜와 행위의 합일'을 강조하는 딴트라 불교의 요체가 왕국의 실정법의 근간이 되기 때문이다. 불교적 가치

---

* 『마하승기율摩訶僧祇律』에 근거를 둔 '바라이죄'를 범한 승려는 승단에서 추방되나 '승잔죄'는 가벼운 죄로 승단에 남을 수는 있다.

—— 부탄 왕국의 국사國師인 둑빠-까규빠 소속의 제40대 제켐뽀가 참석한 국경일 축제.

관은 불교도들이 반드시 지켜야 하는 중요한 실천덕목이기에 만약 이를 어기면 국법에 의해 처벌을 받게 된다.

이런 부탄 왕국의 법사상은 샴발라(Shambhala)의 통치철학인 깔라차크라 딴트라에서 비롯되었다고 보인다. 한문으로 번역하자면 『시륜경時輪經』으로 표기되지만, 범어로 풀이하면 '시간(Kala)+수레(chakra)+수행법(Tantra)'이 된다. 사족을 단다면 수레바퀴가 한 바퀴 도는 정해진 시간에 바퀴 또한 공간적으로 이동하기에 '시간의 흐름'에 '공간의 이동'을 결합함으로써 샴발라라는 '영원한 풍요와 행복의 골짜기'로 들어간다는 의미이다.

―― 푸나카 쫑. 마치 요새 같은 '쫑'에는 승려, 행정관리, 사법관리들이 입주하여 각자의 업무를 처리한다.

이런 샴발라의 이론적 배경을 바탕으로 우리가 부탄을 이야기할 때마다 거론하는 국민총행복지수(GNH)라는 개념이 만들어졌다. 존경받는 국왕과 승단과 깨끗한 행정부, 유구한 전통문화, 의료비와 교육비의 국가지원, 저렴한 물가, 울창한 숲, 금연과 살생 금지 정책, 공해 없는 자연환경 등을 기준으로 국민들의 행복에 초점을 맞춘 정책을 펴고 있는 불국토가 바로 부탄 왕국이다. 스스로 절대왕권을 내려놓고 행복정책을 펼치고 있는 제5대 국왕인 '직메 케사르 왕축'은 국민의 전폭적인 존경을 받으면서 지금도 행복지수를 더욱 끌어 올리고 있다.

깔라빠를 롤모델로 하여 건설된 부탄의 수도 팀푸

아열대 산악지대인 해발 2,400m 지점에 자리 잡은 부탄의 수도 팀푸(Thimphu)는 온화한 기후에 적당히 높은 고도라 인간이 살기에 이상적인 곳으로 알려져 있다. 더구나 사방이 울창한 원시림으로 둘러싸여 있고, 일년 내내 만년설이 녹아내려 흐르는 계곡물로 인해 청량한 기운이 언제나 감돈다.

더구나 인구라야 10여만 명밖에 안 되는 사람들이 교통 표지 등 하나 없는 방사선 도로를 따라 나지막한 건물들 속에서 삼삼오오 모여 살고 있다. 특히 건물들이 인상적인데, 티베트식 같으

―― 팀푸시를 내려다보고 있는 세계에서 제일 큰 도르덴마(Dordenma) 청동불상 앞에서.

── 『시륜경時輪經(*Kalachakra Sutra*)』 이미지.

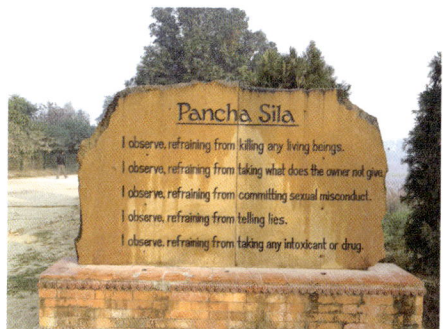

── 불교의 기본 5계명 판차실라 (Pancha Sila).

── 입체 깔라차크라 만다라.

면서도 부탄만의 특색이 잘 살아 있다. 이는 법률에 의해 6층 이하의 부탄식 건물만 허용되기 때문이라 한다.

모든 건물들은 흰색의 벽에 검은 지붕을 기본 색조로 하여 대문이나 창문 주위에는 오색 문양의 목조 장식을 해 놓았다. 전체적으로 정결하고 단아하고, 무엇보다 영적인 분위기를 풍기기에 팀푸의 첫인상은 마치 샴발라의 수도 깔라빠(Kalapa)를 연상시킬 정도다.『시륜경』에 의하면 샴발라의 수도 깔라빠는 다음과 같이 묘사되고 있다.

> 깔라빠에는 역대 법왕이 거주하는 적분궁전積分宮殿이 무게중심을 이루고 있고, 그 주위로는 넓은 호수와 기화요초와 푸른 풀밭이 펼쳐져 있는 말라야(Malaya) 공원이 자리 잡고 있다. 이 공원 안에는 샴발라의 초대 법왕인 수칸드라(Sucandra, 月賢)가 설계한 거대한 원형 깔라차크라 만다라가 설치되어 있는데, 이곳에는 왕국을 수호하기 위한 초월적 에너지가 잠재되어 있는 비전의 주문(Mantra)과 인간의 마음과 우주를 연결하는 초월적인 상징물들이 들어 있다.

만다라는 버전이 아주 많다. 그러나 티베트 불교 금강승의 주맥이 깔라차크라인 것같이 이 만다라는 티베트 불교에서 가장 중요시된다. 일반적으로 만다라의 기본도는 6겹의 둥근 원과 5겹의 사면체로 구성되는 3차원의 건축물로 표현된다. 그 속으로 들어가기 위해서는 우선 4개의 출입문을 통과하여 5층의 누각으로 차례대로 올라가야만 한다. 그러니까 만다라의 전체적인 구도는 4개의 문을 가진 고대의 성곽도시 같다고 할 수 있다. 좀더 설명을 덧붙이자면, 여러 겹의 둥근 울타리 속에 역시 여러 겹의 사각형으로 이루어진 건물들은 불보살이 사는 법당 또는 예배의 상징인 스투파 또는 우주의 중심인 수미산을 하늘에서 내려다보고 그린 일종의 조감도라고 보면 이해하기 편할 것이다.

신령함이 감도는
도출라 고개의 108개 위령탑

흔히 부탄의 랜드마크로는 호랑이 사원이란 닉네임으로 널리 알려진 탁샹라캉(Thakshang Lhakhang)을 꼽는다. 하지만 나는 부탄에서 가장 매력적인 곳을 한 곳만 선택하라면 주저하지 않고 '108 초르텐'을 꼽고 싶다. 그만큼 내게는 인상적인 곳이다.

도출라 고개에 오르다

이 탑군들은 부탄식 명칭으로는 '둑 왕걀 초르텐(Druk Wangyal Chortens)'이라 부르는데, 실은 연대가 오래된 고탑들이 아니고 현대에 기획되어 만들어진 것들이다. 하지만 수십 년 동안 전 세계(인도, 티베트, 네팔, 중국 등)에 산재한 대부분의 스투파를 섭렵한 나의 눈에도 그야말로 짱이었다. 신령스러움과 아름다움을 동시에 아우르고 있다고나 할까?

── 해발 3,150m의 도출라 고개에서 바라본 부탄히말라야 연봉의 장관. 왼쪽에 부탄의 최고봉 강카르 푸엔슘이 우뚝하다.

—— 추모공원을 배경으로 부탄히말라야 연봉이 아스라하다.

이 추모탑 공원은 수도 팀푸에서 약 22km 떨어진 도출라 고개(Dochula Pass, 3,150m) 위에 있는데, 마침 해동의 나그네가 그곳으로 올라갔을 때는 안개가 자욱하게 끼어 있어서 더욱 신비스러웠다. 영어식으로 '메모리얼 스투파(Memorial Stupa)'라고도 불리는 이 탑군들은 부탄의 제4대 왕인 직메 싱계 왕축(재위 1972~2006)의 부인이자 현 왕인 제5대 직메 케샤르 남걀 왕축(2008~)의 모후 母后인 아시 도르제(Ashi Dorji Wangmo Wangchuck) 여왕과 시아버지이며 부탄의 제3대 왕인 직메 도르지 왕축(Jigme Dorji Wangchuck, 1928~1972)을 기리는 목적으로 1974년에 만들었다.

—— 만다라형으로 배열된 108개의 초르텐들이 들어선 추모공원의 전경.

―― 추모공원을 돌고 도는 '꼬라' 길.

―― "야~ 만세다~ 만세" 도출라 고개에서.

1부_ 설산 너머 깨달음의 향기를 따라서

또한 근처에 역시 선대 왕들을 기리는 사원인 둑 왕걀 라캉(Druk Wangyal Lhakhang)도 같이 세웠다. 그 사원 안 벽화에는 부탄의 역사와 역대 국왕들의 계보를 주제로 한 그림들이 그려져 있다. 그런데 일부 벽화에는 다소 현대적인 내용들도 포함되어 있다. 예를 들자면 노트북을 들고 있는 승려들이나 숲에서 인도 반군과 싸우는 국왕의 모습이나 현대 부탄의 항공사인 둑에어(Druk Air)가 등장하기도 한다. 작품에 시대정신을 반영하려는 부탄 예술가들의 창작열을 읽을 수 있어서 흥미로웠다.

인상적인 108개 초르텐과 왕겔축제

고개 마루턱에 자리를 잡은 추모공원에는 중앙에 큰 스투파를 중심으로 108개나 되는 작은 스투파를 만달라식으로 둥글게 배열하였는데, 전체적으로 개괄하면 탑은 모두 정방형의 형태로 벽체는 하얀색이지만 벽체 위쪽에는 갈색 띠를 두르고 그 속에 역시 하얀색으로, 점박이 둥근 점을 찍은 듯 짝수로 그려 넣었고 또한 감실龕室을 만들어 그 속에 불상과 역사적인 인물상의 소상塑像들을 안치하였다.

지붕은 자연석 검은색 돌기와로 덮었고, 그 위에는 일반적인 탑들처럼 여러 층의 금동색金銅色 상륜부 보륜寶輪를 올려놓아 전체

—— 왕겔축제 때 전쟁장면을 공연한다.

1부_ 설산 너머 깨달음의 향기를 따라서

적인 느낌으로는 하얀색이 주는 깔끔함에 금색과 갈색으로 대비를 이루는 미적 감각이 돋보였다. 부연하자면 부탄 특유의 전통미를 현대적인 감각으로 재해석한 대목에 높은 점수를 주고 싶다.

또한 추모공원 인근에는 부탄 최초의 왕립식물원이 자리 잡고 있는데, 특히 이곳은 고산지대 아열대 식물군의 자생지로 알려져 있다. 고산지대 특유의 긴 겨울이 지나면 천상의 화원을 붉게 물들이는 붉은 랄리구라스(Laliguras)와 천리향(Daphne)* 같은 수많은 진귀한 기화요초**가 피어나 장관을 이룬다고 한다.

또한 안내판을 보면 좀 떨어진 곳의 동굴군이 표시되어 있다. 그곳에는 구루 린뽀체(Guru Rinpoche)를 비롯한 역대 유명한 수행자***들의 수행처가 11곳이나 있다고 한다. 그런데 지는 해에 쫓기어 그들의 치열한 구도심을 맡아보지도 못하고 발길을 돌리자니 숙소로 돌아오는 내내 아쉬움이 크게 남았다.

고개를 넘어가면 길은 7세기에 세워진 유서 깊은 왕디 포드롱(Wangdi Phodrong) 사원을 거쳐 푸나카 계곡에 위치한 부탄의 옛 수

◇◇◇◇◇◇

* 영어명은 다프네(Daphne)로 작고 향기로운 꽃을 피우는 관목이다. 껍질 속에 흰개미가 없기 때문에 경전을 쓰는 데 사용하는 부탄의 전통 닥종이를 만드는 데 사용한다.

** 향기를 뿜어내는 편백나무를 비롯하여 푸리무라 덴티쿨라타(Primula denticulata), 프리뮬라 브라크테오사(Primula bracteosa), 목련(Campbellii)도 자생한다.

*** 구루 린뽀체, 밀라래빠, 체링마, 첸라지, 잠페양, 둑빠 쿤레이 등등.

―― 왕실 기원도량 왕축라캉 입구의 일주문.

도였던 푸나카 쫑(Dzong)으로 이어진다. 이 길은 티베트와 시킴 그리고 인도를 잇는 고대 순례로였다. 이를 증명하듯이 고개 주변 곳곳에는 순례자들의 안전과 기원을 염원하는 가로형과 세로형의 수많은 오색의 다르촉 또는 룽따들이 바람에 휘날리고 있었다.

이곳에서는 매년 12월 13일부터 매력적인 축제가 열린다. 바로 '둑 왕겔 체추(Druk Wangyel Tshechu)'로서 불교적 행사가 아니라 부탄 왕국에서 직영하는 '체추', 즉 축제이다. 4대 부탄 왕의 전쟁승리를 기념하기 위해 2011년 제정되었다. 주로 탈춤이 공연되는데, 부탄

히말라야 연봉을 배경으로 도출라 고개에서 열리는 한판 축제이기 때문에 국내외에서 관람객이 밀려들어 난장판이 벌어진다.

이 축제는 부탄의 제4대 국왕인 직메 싱계 왕축이 2003년 인도 반군과의 싸움에서 승리한 것을 기념하여 국가의 안녕을 기원하기 위한 목적으로, 역시 추모공원을 세운 아시 도르제(Ashi Dorji Wangmo Wangchuck) 여왕의 발원과 후원으로 해마다 성대하게 개최되고 있다.

아스라한 부탄히말라야 연봉들

한눈에 108개 스투파가 잘 내려다보이는 야트막한 뒷산에 오르니 그새 안개가 걷히면서 부탄히말라야 설산들이 병풍을 두른 듯 눈앞에 시원하게 펼쳐진다. 매일 서북쪽 히말라야만 보던 나에겐 더욱 신선하게 다가온다.

동부 히말라야의 남쪽 끝에 위치한 부탄의 산들은 흔히 부탄히말라야 연봉*이라 불리는데, 부탄에서는 국왕의 이름을 따

---

* 아홉 개의 봉우리는 높이 순으로 보면 다음과 같다. 1.Gangkhar Puensum(7,570m, Gasa), 2.Kula Kangri(7,538m,Gasa), 3.Liankang Kangri(7,535m,Gasa), 4. Jomolhari(7,326m,Thimphu), 5. Tongshanjiabu(7,207m,Gasa), 6. Kangphu Kang(7,204m,Gasa), 7. Masang Kang(7,194m,Gasa), 8. Chomolhari Kang(7,046m,Gasa), 9. Jitchu Drake(6,714m,Gasa).

─── 아시 도르제(Ashi Dorji W. W) 여왕의 초상화.

─── 부탄히말라야 연봉 안내 현판.

서 직메 상계산맥(Jigme Singye W. Range)으로 부른다. 비록 8천 미터급 고봉은 없지만, 6~7천 미터급이 19개나 솟아 있기에 장엄하기 이를 데 없다. 부탄히말라야는 대략 5대 권역으로 분류하는데, 그레이트 히말, 하부 히말, 블랙 히말, 동아 히말, 따왕 히말이다. 그중 최고봉은 티베트 국경과 가까운 북중부 강카르 푸엔슘(Gangkhar Puensum, 7,570m)이지만, 오히려 제3위 봉인 초몰하리깡(Chomolhari Kang, 7,314m)의 존재감이 뚜렷하여 부탄의 랜드마크 노릇을 하고 있다. 그 이유는 티베트와 인도, 시킴 그리고 부탄 왕국 사이를 이어주었던 유서 깊은 소통로인 춤비 계곡(Chumbi Valley)의 어디에서나 올려다보이기에 예부터 '성스러운 여신'인 '쪼모(Jomo)'로 대접을 받아 왔기 때문이다.

티베트 마니아의
버킷리스트 탐촉다리

우리나라뿐만 아니라 전 세계 배낭 여행객들에게 비싸고 까다롭기로 악명(?)이 높은 부탄 왕국의 관광비자를 받아들고 나는 혼자서 부탄 왕국의 관문인 폰출링게이트(Puncholing Gate)를 통과하여 부탄의 심장부로 올라갈 수 있었다. 이곳은 부탄과 인도의 국경도시 자이가온(Jaigaon)의 관문으로 부탄 비자를 대행해 주는 투어회사가 많다.

무소의 뿔처럼

지난 30여 년 동안 세상의 모든 티베트 권역을 누비고 다녀서 자칭타칭 티베트 마니아임을 자부하고 있지만 유독 부탄 왕국만은 나에게 그리 호락호락하지 않았다. 그럼에도 불구하고 오랫동안 부탄을 방문하고 싶었던 이유가 여느 호사가들처럼 자신의 '버

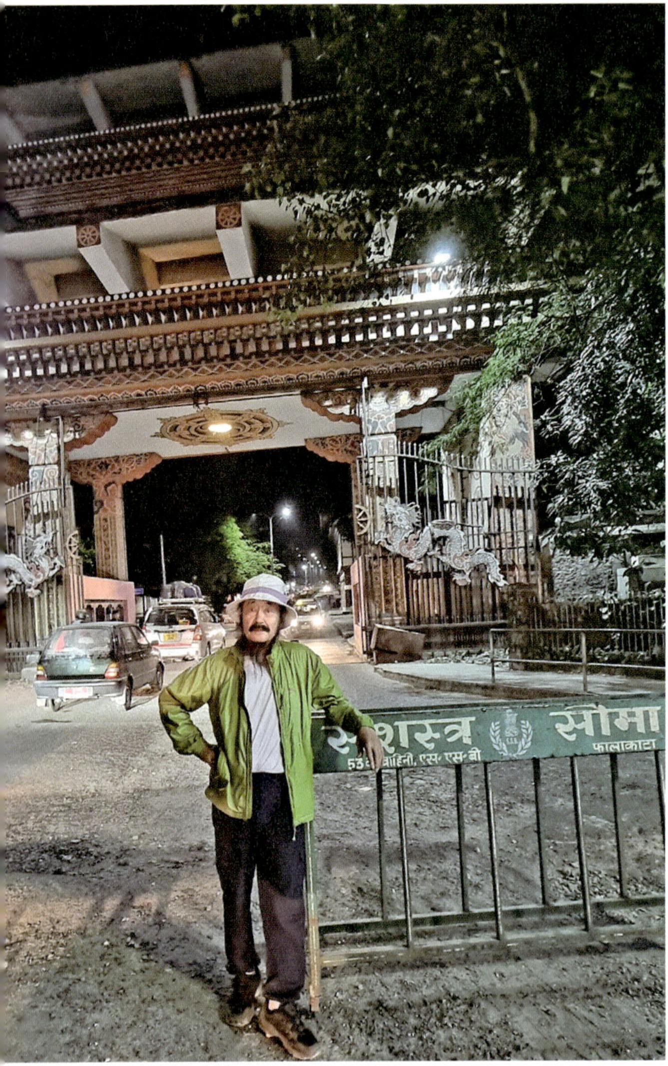

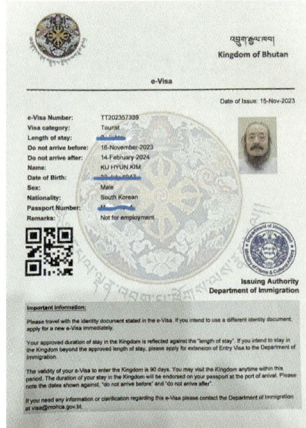

―― 인도 쪽 부탄게이트 앞에서.
―― 부탄 왕국의 관광비자(오른쪽 위).
―― 국경도시 폰출링에서 수도 팀푸 그리고 탐촉에 이르는 노선도(오른쪽 아래).

킷리스트'를 채우려는 목적에서라기보다는 소요 경비가 너무 많이 드는 데다가 입국 수속도 까다로워 그동안 시절인연을 기다려 왔던 셈이다.

아무튼, 부탄의 국경선 밖까지 마중 나온 가이드를 만나 국경을 넘어서 그들이 몰고 온 차를 타고 부탄의 수도인 팀푸(Thimphu)로 가는 '1번 도로'를 타고 올라가다가 중간에서 파로공항 쪽으로 좌회전하여 탐촉(Thamchok)이란 곳에 도착하였다. 주차장에서 내려다보니 발아래 깊은 계곡에는 키추(Khichu)의 거친 물결이 흘러내리고 있었고, 그 위로 별로 길지 않는 두 개의 아담한 다리가 놓여 있었다.

드디어 '탐촉다리'에 서다

이 다리는 바로 5백여 년 전 탕통 걀뽀(Thangtong Gyalpo, 1385~1464)라는 승려가 개인적으로 놓은 것이다. 사실 나의 부탄행의 첫 번째 목적지가 이 다리였는데, 나에게는 이 다리 위에서 어떤 노래를 흥얼거려 보고 싶다는, 다소 엉뚱한 바람도 있었기에 감회가 남다를 수밖에 없었다.

그 노래는 바로 70년대를 풍미했던 〈험한 세상의 다리가 되어(Bridge over troubled water)〉라는 팝송이었다. 영국 출신의 남성 듀엣

— 타리도사 당통 강뿌기 높은 철제 현수교인 탐촉다리

인 싸이먼 & 가펑클(P.Simon & Garfunkel)이 불러 세계적으로 유명해진 노래다. 이미 팝음악의 고전이 되었기에 요즘 신세대들에겐 생소한 곡일지 모르나 중장년층이라면 귀에 익은 노래일 것이다. 다시 한번 가사를 곱씹어 보는 것도 오늘의 주인공인 다리도사를 이해하는 데 도움이 될 듯하다.

> When you're weary, feeling small:당신이 삶에 지치고 초라해지는 것만 같을 때/
> When tears are in your eyes:당신의 눈에 눈물이 고일 때/
> I'll dry them all: 내가 그 눈물을 닦아 주리라.♪/
> I'm on your side: 나는 당신 편에 있어 주리라.♪/
> Oh, when times get rough: 아, 힘든 시간이 다가올 때나/
> And friends just can't be found: 친구들마저 보이지 않을 때/
> Like a bridge over troubled water: 험한 세상에 놓인 다리처럼/
> I will lay me down: 날 눕히리라.♪♪/

이 노래의 테마는 바로 '화신교化身橋'이다. 인간의 몸을 눕혀야만 건널 수 있는 다리이기에 전설에서나 존재하는 그런 다리이다. 이 풍진 이쪽 세상에서 니르바나의 저쪽 세상으로 넘어갈 수 있는 대승(大乘, Maha-Yana)적 다리!

── 탐촉다리의 쇠사슬 부분을 확대한 모습.

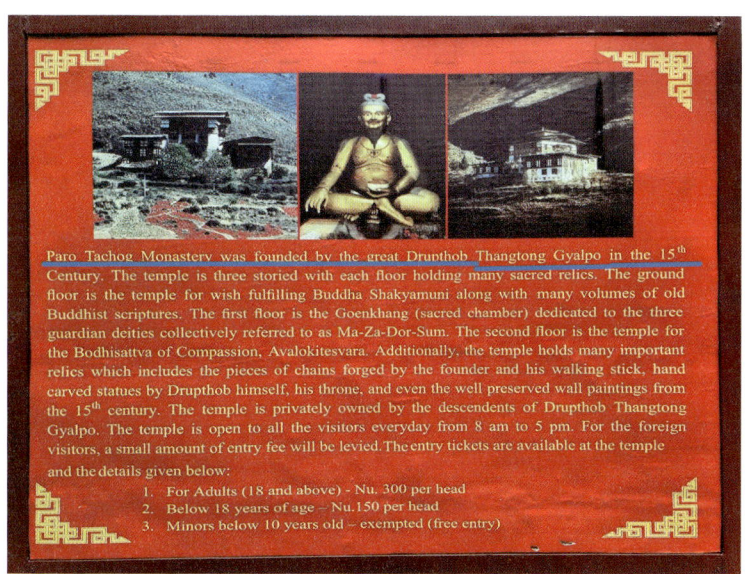

── 탐촉다리 아래 세워진 안내판에는 다리의 유래가 쓰여 있다.

1부_ 설산 너머 깨달음의 향기를 따라서

옛날에 어느 깊은 산골짜기 암자에 노승과 어린 제자가 살았는데, 하루는 큰비가 내려 산사태가 일어나 암자가 무너졌다. 이에 급히 안전한 곳으로 피신을 가야 했지만 이미 험한 계곡에 걸쳐져 있던 외나무다리는 떠내려가고 없었다. 위험은 시시각각 닥쳐오는데 별 대책이 없어 발을 동동 구르던 노승이 제자만이라도 살릴 결심을 하고 말하기를, "내가 계곡 사이에 돌출되어 있는 바위 위로 잠시 엎드려 있을 터이니 그 틈에 내 등을 밟고 건너뛰어 가거라."라고 하였다.

물론 제자가 선뜻 그 제안을 승낙할 리는 없었지만, 다른 방법을 찾을 수 없었기에 둘은 눈물을 머금고 노승이 엎드려 있는 사이에 제자는 스승의 등을 밟고 계곡을 건너갈 수 있었다. 제자가 건너편 안전한 곳에 도착하여 뒤를 돌아다보니 이미 노승은 거센 물결에 떠내려가고 보이지 않았다.

혼자 살아남은 제자가 죄책감에 휩싸여 그 자리에서 한동안 울기만 하였으나, 이를 어쩌랴? 할 수 없이 제자는 그 자리를 떴다가 물살이 잦아들자 자기가 살던 암자터로 돌아왔다. 그리고는 다시 암자를 복원하고 열심히 용맹정진하여 마침내 큰 깨달음을 얻었다.

티베트 본토를 종횡무진 누비며 다리를 놓았던 탕통 걀뽀는 시절인연이 무르익은 것을 알고는 49세 때인 1433년 대설산을 넘어 티베트 불교의 최대, 최고의 스승 구루 린뽀체(Guru Rinpoche)가 축복을 내린 '화룡火龍의 땅', 즉 부탄 왕국으로 들어와 유랑극단을 만들어 각지를 돌아다니며 '아지라무'를 공연하면서 보시금을 모아 사원과 탑을 세우고 외진 마을을 이어주는 다리도 놓아주었다. 마치 위의 전설에서 살아남은 제자처럼 스승의 은혜를 뭇 중생들에게 회향하였던 것이다. 그의 전기에 의하면, 그가 만든 쇠다리는 58개라고 하는데, 그중 8개가 부탄에 있다고 한다.

30여 년 전 라싸의 티베트대학에서 수학하고 있을 때, 근교에 있는 충리오체(Chung Riwoche)라는 마을을 방문하여 그가 세웠다는 사원과 탑 그리고 다리를 직접 보고는 묵직한 울림을 받아서 뒤에 졸저 『티베트 문화산책』(2004)에서 이 다리도사님에 대해서 기술한 바가 있다. 그러므로 오늘 탐촉에 도착하여 다시금 그의 진한 체취를 맡을 수 있으니 그 감회가 새로울 수밖에 없다.

── 졸저, 『티베트 문화산책』(정신세계사, 2004년) 표지.

탕통 걜뽀의 후손이 살고 있는 탐촉 라캉

이 유서 깊은 다리 건너 언덕 위에는 탕통 걜뽀의 후손들이 살고 있는 탐촉 사원이 자리잡고 있는데, 입구에서 오랫동안 이 다리를 지켜보았을 천년 향나무가 해동의 나그네를 반겨 주었다. 3층으로 된 고풍스런 라캉(Lhakhang) 건물은 무척 가파른 계단으로 연결되어 있는데, 어둠 속에서 보아도 품격 있는 장식들과 탕카들로 가득 차 있었고, 처음 보는 그의 초상탕카도 몇 점 보였다.

탕통 걜뽀는 불교사적으로는 티베트 불교의 샹빠-까규(Shangpa Kagyu) 분파의 전승인으로 차원 높은 수행을 완성한 밀교 수행자였을 뿐만 아니라 놀라우리만치 다양한 삶을 살았기에 '쇠다리 도인(Chakzampa)'을 비롯하여 '연극의 신', '빈 평원의 왕', '빈 계곡의 미치광이' 등등 별칭도 꽤 많은 편이다.

그는 오랫동안 나의 수행의 '롤모델'이었다. 무엇보다도 가슴 따뜻한 대승보살의 삶을 오롯이 실천한 대목에 후한 점수를 주겠지만, 그가 티베트 역사상 가장 많은 여행을 한 '노마드'란 대목에도 큰 가산점을 주고 싶다. 중세기 당시에 티베트 본토에서 대설산을 넘어 부탄을 넘나들었다니, 역시 못 말리는 '역마살의 화신'이 아닐 수 없기 때문이다.

—— 탐촉다리를 내려다보는 위치에 있는 탐촉 라캉에는 탕통 걀뽀의 후손들이 살고 있다.

—— '아지라무' 오페라가 공연될 때 내걸리는 하얀 수염의 다리도사님 탕카.

그 외에도 탕통 걀뽀의 비범함은 그에 의하여, 지금은 세계적으로 인정받는 유명한 공연예술이 된 티베트 오페라 아지라무(Aji Lhamu)가 처음 기획되고 공연되어 티베트 문화의 중요한 한 축이 되었다는 문화사적 사실에서도 드러난다. 그렇기에 그는 지금도 '연극의 신'으로 숭배를 받으며 백발성성한 도인의 모습을 한 그의 초상화 탕카가 '아지라무'가 공연되는 세계 곳곳에 포스터와 함께 높이 걸려 있는 것이다.

'샹빠-까규' 분파에 대한 사족

티베트 불교는 크게는 '4대 종파'로 알려져 있지만, 전승 계보를 중요시하는 밀교의 특성상 종파에서 다시 많은 분파가 생겨난 데다가 더하여 각 종파마다 그들의 수장을 '제14대'니 '제17대'니 하는 전승 족보를 만들며 권위를 내세우고 있어서 사계의 문외한들로 하여금 헷갈리게 만들고 있다. 지금 이야기하는 '샹빠'도 그리

—— 탐촉 라캉의 수호목인 천년 향나무.

유명한 종파가 아니지만, 오늘의 주인공이 소속된 분파이기에 사족을 좀 달아 본다.

참 여기서 단어의 개념부터 정리할 필요가 있다. 우리나라에 티베트학의 초석을 놓는 데 미력하게나마 일조를 했다고 자부하는 나로서는 그동안 30여 년 넘게 티베트에 관한 자료들을 조사, 연구하면서 '빠(pa)'와 '파(pha)'에 대해 결론을 내렸다. '빠'는 좁게는 '개인 사람'을 말하지만, 넓게는 '종단 사람', 또는 '종단 자체'를 가리킨다는 것이다. 그러므로 '썅빠'는 '썅(Shang)의 사람'이라는 뜻과 '썅이라는 종파'를 뜻한다는 것이다. 앞으로 티베트 관련 자료를 접할 때, 이 점을 참고한다면 티베트 불교를 이해하는 데 도움이 될 듯하다.

이 썅빠-까규 분파는 11세기에 쿵뽀 날요르(Khungpo Naljor)*란 수행자에 의해 창시되었지만, 티베트 불교의 백가쟁명의 시대에 명맥이 사라졌다가 근대에 이르러 칼루 린뽀체(Kalu Rinpoche)에 의해 부활되어 현재 활발히 교세를 펼쳐 나가고 있다.

---

* 원래 그는 샤머니즘적 원시종교인 뵌뽀 출신이었는데, 진리의 목마름으로 인도 구도여행을 떠나 전설적인 다키니 요기인 니구마(Niguma)를 만나 감화를 받고 문하생으로 들어가 '나로파 6법' 수행을 하고 고향으로 돌아와서는 '썅(Shang)'이라는 곳에 수도원을 세우고 제자들을 모아 가르침을 폈지만 사부 니구마에게서 전수받은 비밀의 가르침은 오직 목촉(Mochok Rinchen Tsondru)에게만 전수했다고 전한다.

불교미술의 보고
둠쩨그 사원

입국하기가 어려운 부탄 왕국을 들어갔던 이유는 무엇보다 내 롤모델이라고 부를 만한 다리도사 탕통 걀뽀의 체취를 맡기 위해서였다. 더 꼭 집어서 말하자면, 5백여 년 된 쇠사슬 다리 위에서 〈험한 세상의 다리가 되어〉를 흥얼거려 보고 싶다는 다소 엉뚱한 동기였다고도 앞서 설명하였다.

부탄 왕국 최고의 불교미술 보고 둠쩨그 사원

중앙 티베트를 종횡무진하며 철다리를 만들던 탕통 걀뽀는 시절인연이 무르익자 히말라야 대산맥을 넘어 당시 바율 데모쫑(Bayul Demojong)이라 불리던 땅으로 들어오게 된다. 일설에는 그 직접적인 이유가 다리를 건설하는 데 사용할 철광석을 찾아서 왔다고도 한다.

그리고 역시 티베트 본토에서처럼 유랑극단을 조직하여 골짜기마다 찾아다니며 '티베트 오페라'로 불리는 〈아지라무〉를 공연하면서 보시금을 모아 필요한 다리를 놓으며 사원과 탑을 세웠다. 그는 모두 58개의 현수교를 세웠는데, 그중 8개가 부탄에 있다. 그중 하나가 탐촉(Thamchok) 다리이고, 그 사원 중 하나가 둠쩨그 사원(Jangtsa Dumtseg:Dungtsi)이다.

전하는 창건설화에 의하면, "개구리처럼 생긴 언덕 지하에 한 마귀가 살고 있어서 때때로 주민들을 괴롭히고 있어서~"라는 소리를 듣고 지나가던 성자, 즉 탕통 걀뽀가 이 어둠의 세력을 누르기 위하여 그 머리 부분에 해당되는 곳에 초르텐과 사원을 세웠다고 한다. 1433년에 창건된 이 사원은 파로계곡에 걸쳐 있는 다리를 건너서 현 부탄국립박물관으로 가는 길목 야트막한 둔치에 자리 잡고 있다. 멀리서 보아도 부탄에서는 매우 드문 인도식 돔형의 초르텐 모양이어서 인상적이다.

물론 내가 이곳을 답사한 이유는 물론 다리도사님의 체취를 맡고자 하는 이유 외에도 이곳이 부탄 최고 최대의 불교미술의 보고이기 때문이다. 삼계(지옥, 땅, 천국)를 상징하여 3층으로 설계된 사원 내부는 생각 이상으로 높고 넓었다. 하지만 조그만 창문으로 들어오는 자연광에 의존해야 했기에 더욱 은밀할 수밖에 없었다.

―― 파로계곡에 자리 잡은 탕통 걀뽀가 창건한 둠쩨그 사원의 전경.

1층은 방대한 양의 벽화와 탱화 그리고 불교적 도상(Iconography)이 펼쳐져 있는 판테온(Pantheon, 萬神殿)이었다. 주로 역사적 인물들과 보살상 및 기타 수호신 등이, 특히 이 사원의 창건주인 탕통 걀뽀 자신을 비롯하여 제2의 붓다로 숭배되고 있는 구루 린뽀체와 다양한 관세음보살상과 딴트릭 불교의 오선정불五禪定佛이 차례로 순례자들을 맞이한다.

2층과 3층은 커다란 통나무 원목을 깎아 가파르게 세워 놓은 나무 사다리를 기어서 올라가다시피 했기에 바짝 긴장하지 않을 수 없었다. 2층의 외벽에는 수백 명의 분노존忿怒尊들이 두 눈을 부릅뜨고 있었고, 내벽에는 죽음과 환생의 중간 상태인 바르도(Bardo), 즉 『티베트 사자의 서』에서 묘사된 다양한 장면들이 묘사되어 있어서 심약한 중생들에게 원초적인 공포를 느끼게 해 주고 있었다.

특히 천계를 상징하는 3층 외벽에는 부탄 왕국에서 주로 신봉하는 유일한 종파인 둑빠-까규(Drukpa Kagyu)와 창건주인 탕통 걀뽀의 종파인 샹빠-까규(Shangpa Kagyu) 특유의 딴트릭 밀교의 비의적秘意的인 오신만다라五身曼茶羅들이 다양한 모습으로 커다란 벽면을 가득 채우고 있었다.

또한 내벽에는 설역고원에 불교를 화려하게 꽃피게 만든 까규종파(Kagyue school)의 3대 종조宗祖들인 마르빠(Marpa)-밀라래빠

(Milarepa)-감포빠(Gampopa)와 84명의 성취자들이 화려하게 몸을 나투고 있었다. 특히 뭇 수행자들의 표상으로 알려진 밀라래빠의 특유한 소상은 너무나 인상적이었다.

팔을 귀에 대고 있는 모양새의 그의 독특한 도상들을 수없이 보아왔던 내 눈에도 이 목부조木浮彫 위에 화려하게 색칠한 모습은 마치 성인께서 살아 움직일 것 같은 생동감이 느껴질 정도의 명작이었다. 가이드의 재촉에 정신이 들어 등 떠밀려 아래층으로 내려오면서 이내 한 장의 사진도 찍지 못한 아쉬움이 밀려들었다. 하지만 이미 몸은 1층에 있었기에 가이드를 졸라 대신에 오늘의 주인공 탕통 걀뽀의 벽화 한 장*은 건질 수 있었다.

다리도사! 탕통 걀뽀!

사원 밖으로 나와 별관에 마련된 기도실로 들어가 다리도사님 진영이 걸려 있는 족자 앞에서 버터 등잔에 불을 붙이면서 또 하나의 그의 업적인 〈아지라무〉가 생각나서 가이드에게 물어보니, 현재 부탄에서는 그것을 공연하는 곳이 없다는 대답뿐이었다.

---

* 이 벽화는 아마도 1841년 25대 제캠뽀(Je Khempo) 세랍겔짼(Sherab Gyeltsen)의 지시에 따라 중수작업이 이루어질 때 추가로 그려진 것으로 보인다.

—— 사적기에 탕통 걀뽀의 창건기록이 보이고 중수重修 기록도 보인다.

—— 둠쩨그 경내의 대형 회전통인 마니꼬르.

—— 둠쩨그 사원의 지붕 빗물을 내리받게 설계된 낙수물통.

—— 다리도사님께 유등잔油燈盞 공양을 올리고 있다.

─── 하얀 수염의 탕통 걜뽀와 〈아지라무〉 공연 이미지가 함께 그려 있는 이미지 탕카.

─── 탕통 걜뽀와 샹빠-까규 지파의 계승인들을 그린 대형 벽화. 탕통 걜뽀가 검은 수염에 항마인 降魔印을 하고 있다.

─── 아름답고 깔끔한 고도 파로(Paro) 시가지.

—— 부탄히말라야를 배경으로 〈아지라무〉 공연을 펼치는 공연팀들이 쓰고 있는 가면들은 모두 흰 수염의 탕통 걀뽀의 모습이다.

—— 라싸 노브링카에서의 공연광경(1995년).

—— 라싸의 〈아지라무〉 팀의 7선녀들과 함께(KBS 당번고도 촬영시 2006년).

이 사원의 창건주 탕통 걜뽀는 놀라울 정도로 다양한 삶을 살았다. 그는 차원 높은 딴뜨라 수행을 완성한 수행자로서 티베트 불교의 샹빠-까규(Shangpa Kagyu) 지파의 전승인이기도 하지만 그 외에도 대장장이, 건축가, 토목기사로서도 큰 족적을 남겼다. 또한 대설산을 넘나들며 드넓은 설역고원을 종횡무진 누비고 다녔던 대여행가이기도 하였다.

그리고 티베트 오페라 '아지라무(Ajilamu, 仙女劇) 6마당'*을 만들어 직접 유랑극단을 이끌고 방방곡곡을 떠돌아다니며 공연을 하

---

* 우리에게 알타이설화로 알려져 있는 〈나무꾼과 선녀〉 등은 실은 티베트의 〈아지라무〉 가무단의 단골 메뉴이다. 졸저, 『티베트 문화산책』(정신세계사, 2004)에 자세하다.

1부_ 설산 너머 깨달음의 향기를 따라서

였다. 물론 그 이전에도 단순한 형식의 연극은 있었지만 그것을 불교적으로 각색하여 더욱 공연예술로서의 완성도를 높인 작업은 바로 탕통 걀뽀에 의해 이루어졌다. 그러기에 티베트의 '연극의 신'으로 추앙되며, 흰 수염이 풍성한 모습으로 벽화, 소상, 탱화로도 그려져 붓다와 나란히 공양을 받을 정도로 민중의 가슴 속에 영원히 살아 있다.

탕통 걀뽀는 험한 세상에 자신의 몸을 눕혀 중생들로 하여금 차안此岸에서 '화신교化身橋'를 건너 피안彼岸에 이르도록 한 아가페적인 삶을 올곧이 살았던 진정한 대승보살이었다. 이른바 불교의 실천덕목인 '육바라밀'의 첫째 '보시바라밀布施波羅蜜'을 한평생 온몸으로 행한 것이다.

강호제현에게 묻는다. 갖가지 종파의 수행자라는 에고에 갇혀 평생을 그냥 앉아만 있다가 떠난다면, 설사 깨달음을 얻었다 해도 도대체 무슨 의미가 있을까?

2부

수행자의
발자취를
따라서

히말라야 산속의 기인화가
니콜라스 로에리치

무려 62시간을 달려서 인도 히말찰 고원의 휴양도시 마날리(Manali)로 간 이유는 오직 하나. 내 그림 인생의 유일한 멘토인 한 인물에게 헌화, 분향하기 위해서다.

그는 바로 러시아 출신의 불세출의 기인화가, '니콜라스 로에리치(Nicholas Roerich, 1874~1947)'이다. 러시아 원어로는 '니꼴라스 뢰리히'라고 부르는 인물이다. 그가 열반한 해에 내가 태어나서 그런지 몰라도 나는 젊어서부터 그에 대한 어렴풋한 환상에 시달렸다. 그는 여기 히말라야 서남부 기슭 나가르(Naggar) 마을에 정착하여 20년을 살면서 인상적인 작품들을 남겨놓고 여기에 잠들었다

숙명적 인연의 수레바퀴

마날리와 나가르 마을 사이로 흐르는 베아스(Beas) 강 다리를

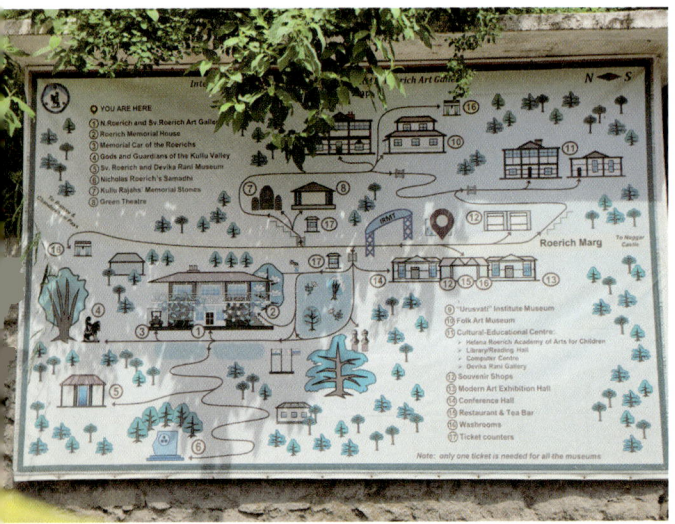

—— 로에리치미술관 안내판.

—— 로에리치미술관 앞에 있는 로에리치 부부의 동상.

—— 로에리치 부부의 저택이자 미술관 전경.

건너 끝없이 이어지는 붉은 사과가 탐스럽게 주렁주렁 달린 과수원 사이로 난 언덕길을 한참이나 오르니 정상에 위치한 아담한 기념관이 나온다. 정말 오랫동안 벼르던 곳이 정작 내 눈앞에 나타났을 때의 감정은 남다를 수밖에 없다. 왜냐하면 나는 티베트 불교적인 관점에서 전통적인 '윤회론'을 믿기 때문이다. 그와 내가 어떤 인연의 고리를 갖고 있었는지는 아직 모르지만, 아주 오래전 그의 그림을 처음 보았을 때의 충격은 지금도 잊을 수 없기에 나는 지금도 붓을 놓지 않고 살고 있다.

물론 나는 그림에 전념하지 않고 타고난 역마살이 시키는 대로 일생의 대부분을 나그네로 살아왔다. 하지만 그렇다고 해서 가슴속에서 그림을 아주 놓지는 않고 산다. 내가 현재 가지고 있는 티베트적이고 히말라야적인 삶과 철학 그리고 예술에 이르기까지 그와 나 사이에 이어진 인연의 실타래는 도대체 어떻게 연결되어 있는 것일까? 그래서 이 평생의 화두를 풀기 위해서 먼 길을 달려 그의 체취가 진하게 배어 있는 이곳을 방문하게 된 것이다.

먼저 그의 무덤가로 내려갔다. 키 큰 히말라야 소나무 아래 분홍색 목백일홍 사이로 아랫마을의 전경이 한눈에 내려다보이는 곳에 그와 그의 사랑하는 부인 헬레나(Helena)도 함께 잠들어 있다.

그의 무덤과 부부의 동상에 참배를 하고 다시 기념관으로 올라왔다. 잘 가꾸어진 정원의 벤치에 앉아 아스라히 솟아 있는 히

― 로에리치미술관 내부.

― 로에리치 부부가
살았던 거실.

말찰 히말라야의 하얀 능선을 바라다보았다. 문득 로에리치가 하얀 수염을 휘날리며 어디선가 나타날 것만 같았다. 그만큼 70여 년이란 '깔라차크라(kalachakra)', 즉 '시간의 수레바퀴'라는 시간적 공간은 그와 나 사이엔 별 의미가 없는 듯하였다.

마침 불어오는 시원한 솔바람에 정신을 차리고 현실세계로 돌아와 잘 가꾸어진 정원 속에 자리 잡은 소박한 목조 2층 전시실로 들어섰다. 몇 개로 나누어진 전시실에는 초기에서 만년의 작품들까지 전시되어 있었는데, 그중 몇몇 작품들은 이미 도록에서 봐 온 것들도 있었지만 처음 보는 그림들도 많았다.

— 미술관 2층 베란다에서 선물로 받은 도록을 품에 안고 있는 필자.

— 로에리치가 즐겨 사용한 물감인 '템페라(temperare)'를 어렵게 구하여 필자도 사용해 보고 있다.

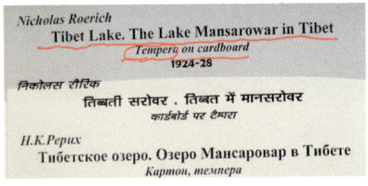

— 로에리치가 멀리 카일라스산까지 순례를 했다는 사실은 그가 영적인 구도자라는 것을 말해주고 있다.

그런 세기적인 명작들을 코앞에서 바로 보는 느낌은, 가슴 터지는 감격으로 다가왔다. 게다가 관람객이라고는 달랑 나 혼자뿐이었기에 작품에 대한 집중도는 더욱 강할 수밖에 없었다. 마치 공개되지 않은 타인의 비밀스러운 방을 훔쳐보는 것 같은 내밀한 흥분으로 두근거리는 가슴을 안고 그림들을 훑어 나갔다.

불교적 명상화의 개척자

로에리치에 대한 평가는 실로 다양하다. 근·현대적 노마디즘(Nomadism)의 선구자인 탐험가, 고고학자, 히말라야의 신비를 그린 화가, 그리고 티베트 문화, 종교, 철학적 사유를 작품에 잘 반영한 수행자, 깨달은 도인 등등이다. 한때 노벨평화상 후보에 오르기도 한 국제적인 인물이기도 하지만 무엇보다 수많은 걸작을 남긴 기인적인 풍모의 화가로서의 인상이 두드러진 인물이다.

그는 히말라야권의 자연과 문화에 심취하여 만년에는 20여 년 동안 이곳 뚤루 계곡의 나가르 마을에서 살았다. 가끔 티베트권 마을과 사원 등을 여행하면서 그림을 그렸다. 또한 라다크 헤미스(Hemis) 사원에서 '토마스 복음서'라고 전해지는 고대 필사본을 발견하기도 했다. 이를 바탕으로 예수님의 알려지지 않은 생애, 즉 예수님이 동방에서 불교 수행을 했다는 사실을 발표하여 세기적인 관심을 모으기도 했다. 그리고 티베트 불교 까규빠의 성자 밀라래빠, 붓다, 예수를 비롯한 위대한 성자들의 수행 모습을 즐겨 그렸다.

그러나 내가 그를 주목하고 내 그림의 멘토로 삼고 있는 대목은 무려 한 세기 전에 티베트적인 속살을 누구보다도 일찍 발견하고 그것을 서구적이고 현대적인 화폭 위에 남겼다는 사실 때문이다. 그렇기에 티베트풍이 강한 만년의 작품들 앞에서는 한참이나 눈길을 거둘 수 없었다. 이들 작품은 히말라야 설산의 전통적인 소재들이 다양한 하늘 색깔 아래서 저마다의 존재를 드러내고 있었다. 때로는 황량한 대지 속에 살고 있는 뭇 중생들을 보살의 시각으로 바라보며 그만의 독특한 언어로 풀어내는 따뜻한 작품들을 보면서 그야말로 전율을 느꼈다. 왜냐하면 그 그림들은 그동안 내가 그렇게도 그리고 싶었던 것들이었기 때문이다.

아무튼 그의 작품들을 통해서 받는 첫 번째 느낌은 '선기禪氣'라기보다는 '영기靈氣'에 가까운 기운이 가득하다는 점이다. 이 대목은 불세출의 여타 거장들이 '편년체 미술사'를 쓰기 위한 수단으로, 단지 시대적 선두주자라는 이유로 거장 대접을 해주는 것과는 분명한 차별성을 띠는 대목이다. 깊은 영혼은 없고 단지 시대적으로 앞선 1등만이 거장 대접을 받는 지금의 상업적인 미술 사조와는 담을 쌓고 오직 자기의 영혼을 그림으로 남긴 로에리치, 그야말로 진정한 그리고 위대한 화가가 아닐까?

—— 로에리치가 그린 자화상.

—— 로에리치가 즐겨 그린 티베트 고승. 가장 탁월한 솜씨를 보여주는 대표작 중 하나이다.

—— 로에리치가 즐겨 그린 밀라래빠의 설산수도상.

—— 또 다른 느낌의 밀라래빠의 설산수도상.

—— 라다크의 스피톡(Spitok) 사원 스케치.

—— 어느 티베트 사원.

그것은 로에리치가 만년에 티베트와 라다크를 여행하면서 경험한 티베트 불교 신앙체계를 자신의 수행으로 승화시켜 자신이 이미 고승의 영적 차원을 터득했을 것이기에 가능했던 대목이 아닐까 생각된다. 그의 더 많은 그림들은 로에리치 미술관 홈페이지(www.roerich.org)에서 검색할 수 있으니 관심 있는 마니아들은 들어가 보길 권한다.

로에리치에 매료된 사람들이 어디 한두 명이겠는가만은 미국의 판타지 소설가인 하워드 러브크래프트(H.P Lovecraft, 1890~1937)만큼 광적 마니아도 드물 것이다. 그는 로에리치의 작품에 영감을 받아 『광기의 산맥(At the Mountains of Madness)』이라는 베스트셀러를 집필하였다. 몇 줄 인용해 보면 아래와 같다.

"황량한 산맥 정상에는 간혹 혹독한 바람이 휘몰아쳤다. 요란한 바람소리는 때론 거칠면서도 음역이 대단히 넓은 신비의 피리소리를 연상시켰는데, 인간의 잠재의식을 일깨우는 듯한 섬뜩한 화음을 들으며 나는 왠지 마음이 불안해져 막연한 공포에 떨기도 했다. 눈앞에 펼쳐진 광경은 언젠가 본 니콜라스 로에리치의 그림을 연상시켰다."

미술관 2층은 로에리치 부부의 생활공간이었는데, 방문객의 출입은 허용되지 않았지만 창문을 통해 거실은 들여다볼 수 있게 배려를 해놓았다. 마치 부부가 모닝커피를 막 마시고 정원으로 산책을 나간 것 같은 그런 거실 분위기를 연출해 놓았다. 2층 테라스에서 보는 전망은 아래 정원에서 보던 것보다 훨씬 스펙터클하게 드넓고 시원하였다.

그들 부부가 세계대전 전후의 암울한 고국 러시아를 떠나 세상을 떠돌다가 도착한 곳이 바로 여기 히말라야 산기슭이었다. 아마도 그들 부부는 이곳이 티베트 불교의 이상향인 샴발라(Shambhala)라고 생각하여 이 산골짜기에 정착했다고 보인다. 그들은 노을 지는 2층 테라스에 앉아 설산 너머로 해가 지는 것을 바라보며 차 한 잔 마시는 지극히 평범한 일상에서 둘만의 행복을 찾은 것은 아니었을까?

—— 로에리치미술관에서 바라보는 똘루 계곡과 히말라야 능선.

수행자의 발자취 ②

불세출의
딴트라 요기 밀라래빠

안나푸르나 써키트(Annapurna Circuit)는 안나 산군山群을 크게 한 바퀴 도는 트레킹 루트이다. 토롱라(Thorong La, 5,416m)라는 아주 높은 고개를 넘어야 하고 또한 힌두교의 8대 성지의 하나로 이름이 높은 묵티나트(Muktinath, 3,760m)도 참배할 수 있는 순례길이다. 그러나 전체 일정이 보름 정도 소요되는 장도長途라 도전하기에는 순례자로서의 마음가짐이 필요하다.

밀라래빠 동굴과 사슴의 노래

모든 트레커들이나 순례자들은 이 써키트의 어느 코스를 택하든지 마낭(Manang, 3,540m)이란 마을에서 숨 고르기를 하게 마련이다. 이 마을에서 바라보는 안나 연봉連峯의 일출은 가히 장관이다. 매일 안나푸르나 남봉南峯만 바라보면서 지내고 있는 나에게

밀라래빠의 일생을 그린 탕카

—— 마낭 마을에서 바라보이는 안나푸르나 3봉(7,555m)의 웅장한 모습 앞에서.

—— 마낭에 위치한 밀라래빠 수행동굴(둥근 원) 위치도.

는 지척에서 안나 여신의 귀한 뒤태를 바라본다는 것은 또 다른 '설산멍'이어서 가끔 틈만 나면 마낭으로 발길을 옮기게 된다. 특히 오늘같이 특별한 화두 '밀라래빠 만나기'를 들고 가는 경우는 그 기분이 더욱 각별하다.

불세출의 딴트라 요기 밀라래빠(Milarepa, 1052~1135)는 말년에 이곳의 한 동굴에서 6년 동안 폐관 수행을 하였다. 그곳은 4,100m의 높이라서 브라가(Bragha) 마을에서 다리를 건너 이정표를 따라 한참이나 벌판을 횡단하다가 산을 올라야 한다. 중간쯤에 하얀 초르텐과 암자가 있고, 더 오르면 목적지인 두 개의 동굴이 나타난다.

또한 암자에서 유심히 바라보면 절벽에 매달려 있는 활(弓, Bow)도 볼 수 있는데, 그 활은 사냥꾼 께라(Kera Dorjee)가 사슴을 쫓다가 사냥질(殺生)을 방해하는 밀라래빠에게 쏘았다는 바로 그것이라고 한다. 그런데도 밀라래빠는 자신에게 화살을 쏜 사냥꾼에게 살생의 인과율因果律을 노래로써 가르쳤다고 한다. 지금껏 전해오는 이른바 '사슴의 노래'이다.

나는 먼저 그대를 위해 모든 성취한 존재들께 기도드립니다.
그대는 인간의 몸을 가졌지만 악마의 얼굴을 하고 있습니다.
그대가 지은 다섯 가지 악업惡業을 소멸하기 위해서는
우선 나의 이야기를 들어보기 바랍니다.

귀신의 모습을 한 죄 많은 사람이여!
비록 그대가 이생의 쾌락을 갈망할지라도
그대가 쌓은 까르마 때문에 결코 그것들을 얻지 못할 것이나
만약 그대가 삿된 욕망을 버린다면
그대도 위대한 성취를 얻을 수 있습니다. (중략)
이 사슴을 죽이지 않으면 그대는 기쁘지 않겠지만
대신 그대 안에 있는 다섯 가지 악업을 소멸시키면
그대의 모든 소원이 이루어지는 기쁨을 맛볼 것입니다.

―― 밀라래빠에게 화살을 겨누고 있는
사냥꾼(붉은 선 안).

―― 마낭 밀라래빠 공원에 세워져 있는
거대한 밀라래빠 초상.

　이런 사연을 보고 들은 많은 사람들이 감동하여 이 노래는 설역雪域 하늘로 퍼져나갔다. 그의 목소리는 맑고, 투명하고, 아름다워서 듣는 이들에게 큰 감명을 주었다고 한다. 현대 언어로 새기자면, 그의 목소리는 남자도 여자도 아닌 중성적인(Uni-Sex) 그런 목소리였으리라 여겨진다.

　밀라는 어려서부터 노래 부르기를 좋아했기에 그의 아명兒名이 '밀라―또빠가(Topaga)'라고 불렸는데, 이름 자체가 '듣기에 즐거운'이라는 것을 보아도 밀라의 성악적 재능을 엿볼 수 있다고 하겠다.

2부_ 수행자의 발자취를 따라서

또한 밀라래빠는 장성해서는 당시에 유행하는 도하(dohas, 즉흥적인 노래)의 형식을 빌려 수많은 노래를 불러서 음유시인으로 유명해졌기에, 그의 노래들은 설역 민초들의 입에서 입으로 전해지면서 『밀라래빠의 십만송(The Hundred Thousand Songs of Milarepa)』이란 미디어로 재탄생하여 현재 전 세계적으로 밀리언셀러가 되었다.

까르마를 정화하기 위한 수행

밀라래빠는 티베트 서부의 유복한 가정에서 태어나 노래를 잘 부른다는, '밀라-또빠'라는 아명으로 부모의 사랑을 독차지하면서 어린 시절을 행복하게 보냈다. 하지만 그가 일곱 살 때, 부친의 죽음으로 인해 그들 가족에게 검은 구름이 몰려왔다. 원래 그의 부친은 임종시에 어린 아들을 돌봐 달라고 이모와 삼촌들

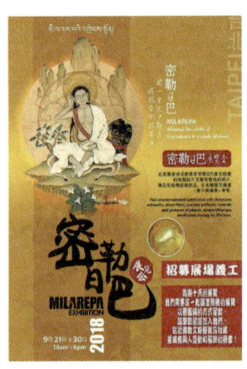
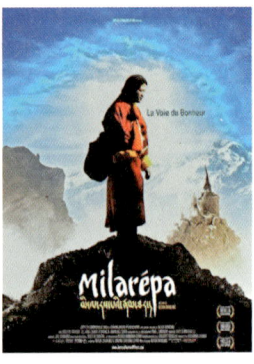

—— 중국에서 열린 〈밀라래빠 전시회〉 포스터(왼쪽).

—— 극영화 〈밀라래빠〉 포스터. 부탄의 영화감독 네땐 촉링의 작품(오른쪽).

에게 모든 재산을 위임하였다.

그런데 그들이 재산을 가로채고 돌려주지 않고 오히려 밀라 가족을 거리로 쫓아내었다. 이에 분노에 찬 어머니는, "만약 네가 검은 흑마술黑魔術을 배워 나쁜 친척들에게 복수를 해주지 않으면 차라리 나는 지금 자살하겠다."라고 협박조의 애원을 하였다. 이에 착한 아들은 정말 집을 떠나 고생 끝에 흑마술을 배워 친척들을 모두 죽이고 원수를 갚았다고 한다. 그러나 후에 자신의 행동에 대한 후회로 번민의 나날을 보내다가 마침내 올바른 정법을 배우기 위해 세상을 떠돌게 되었다.

그러던 차에 인도에서 '나로육법(Naro六法)'이란 새로운 요가술법을 배워서 티베트로 돌아온 마르빠(Marpa)의 소문을 듣고 어렵게 그의 제자가 되었다. 하지만 그가 지은 살인자로서의 까르마(Karma)를 정화하기 위해 스승으로부터 많은 시련과 학대를 견디어 내고 마침내 '나로육법'의 최대 난관인 '뚬모(Tummo, Yoga熱) 술법을 터득할 수 있었다.

그리하여 45세가 되어 고향집으로 돌아왔을 때, 그의 어머니는 잡초가 무성한 집에 백골로 남아 있었고, 여동생은 구걸을 하며 떠돌이로 살고 있었다. 이에 밀라는 어머니의 백골을 수습하고 바로 마을 근처에 있는 드라카르 따소(Drakar Taso) 동굴에 들어가 거적 한 장을 걸치고 수행을 계속하였다. 그리고 9년 만에 모든 난관을 돌파하고 마하무드라(Mahamudra)를 성취한 성자의 반열에 오르게 되었다.

그 후로는 래빠(repa, 하얀 무명옷을 입은 사람)로서 남은 여생은 이른바 보림保任 기간으로, 그의 가족에게 불행을 초래한 이모와 친척들을 용서하였다. 이후 그는 주로 설산의 동굴을 전전하며 시를 짓고 노래를 부르면서 살았다고 한다. 그의 직계 제자 중의 한 명인 짱뇬 헤루까(Tsangnyön Heruka)가 기술한 『밀라래빠 전기』에 의하면, "인도로 가거나 인도인 스승의 가르침을 받지 않고 티베트에서 태어나 깨달음을 얻은 티베트적인 붓다"로 밀라래빠를 평가하고 있다.

혹자는 밀라가 삼사라(Samsāra, 無常)의 고통, 죽음의 확실성과 죽음에 대한 불확실성, 우리의 어리석은 행위의 직접적인 결과가 두려운 환생으로 나타난다는 등의 불교의 기본 가르침을 잘 보여주고 있다고 하면서 결국 밀라래빠의 삶 자체는 살인자도 부처가 될 수 있는 좋은 본보기가 된다고 평가하고 있다.

내 개인적인 견해로는 밀라래빠의 삶은 굴곡 많은 생애 자체에서 최고의 성취자로 우뚝 선 인간 승리로 큰 의미가 있다. 하지만 현대 티베트 불교의 메이저 종단인 까규빠의 탄생을 낳는 징검다리 역할을 한 대목도 불교사적 측면에서는 큰 위업으로 꼽을 수 있다. 래빠로서의 은둔생활을 즐겨했던 밀라는 제자들을 찾아다

―― 밀라래빠 동굴 입구.

―― 브라가 다리 건너편에 있는
　　밀라래빠 동굴 표지석.

니지는 않았지만 성취자로서 그의 오로라는 몇몇 제자들을 모여들게 만들었다. 그중 까규빠를 여는 데 지대한 역할을 한 감뽀빠(Gampopa, 1079~1153)에 의해 다음 대에 이르러 까규 혈통의 4대 분파가 설립되었다.

밀라래빠가 84살이 되었을 때 독이 든 우유를 마시고 입적하기 전에 읊은 열반송은 그의 굴곡 많은 삶처럼 역설적인 진리를 설파하고 있다.

> 완전한 고독 속에 영원한 친구가 있고
> 가장 낮은 자리에 가장 높은 자리가 있고
> 서두르지 않는 곳에 가장 빠른 길이 있고
> 온갖 목적 버리는 데 가장 순수한 목적 있다네.

> 은밀한 길 걸으면 첩경이 생기고
> 공空을 깨달으면 자비가 생기고
> 자타분별 사라지면 남을 도울 수 있고
> 남을 돕기에 순수하면 나를 만나게 되리니
> 나를 만나면 붓다의 경지 성취하리라.

밀라래빠의 수행식
쐐기풀 죽

일생을 설산 동굴에서 명상수행으로만 일관했던 전형적인 딴트릭 요기(Tantric Yogi)이자 전 세계적으로 널리 회자되며 사랑받고 있는 음유시인 밀라래빠. 그는 티베트 불교사의 큰 줄기를 이루고 있는 메이저급 까규빠의 토대를 마련한 거목이기도 하다.

슈퍼 푸드가 된 쐐기풀 죽

그는 평생을 황량한 동굴에서 살았기 때문에 늘 먹거리가 부족하였다. 그래서 근처에서 자생하는 쐐기풀로 죽을 끓여서 먹는 방법으로 주식主食거리를 삼았는데, 그 풀은 야크와 같은 초식동물들마저도 먹지 못하는 거친 식물이었다. 물론 가끔은 후원자들이 가져다주는 야크 젖으로 만든 야크 치즈(Yak Cheese)와 기(Ghee)라는 유제품과 곡물가루인 짬빠 등도 먹었을 것이다. 하지만 그의

―― 연초록색 피부의 밀라래빠 탕카. 가운데 부분 왼손에 '쐐기풀 죽(Sap-Thuk soup)'이 든 사발(발우)을 들고 있다.

―― 밀라래빠 탕카 속의 죽사발을 확대한 모습.

주식이 쐐기풀이었다는 것은 의심의 여지가 없고, 그래서 그의 피부가 연초록색으로 변했다는 대목도 상당한 설득력이 있다.

  수행자로서 그의 삶 자체가 어떠했는지는 그의 이름에서도 확연히 드러난다. 겨울철에도 하얀 무명옷만 입고 고행으로 초지일관하였기에 후대에 이르러 그를 '하얀 옷을 입은 밀라'라는 뜻의 '밀라래빠'라고 부르게 되었다. 더불어 그가 철저하게 독신자로서의 계행을 지켰다는 덕목까지 보태져서 밀라래빠를 티베트 불교 사상 가장 걸출한 수행자로, 나아가 '수행자의 아이콘(Icon)'으로 자리매김하게 만들었다.

우리에게는 흔한 쐐기풀로 알려진 이 다년생 식물의 학명은 '우르띠까 디오이까(Urtica dioica)'이다. 그 어원語源은 라틴어의 '불타다'에서 유래되었는데, 이는 쐐기풀에 돋아 있는 가시(Thorn)가 인간의 피부에 접촉할 때 생기는 타는 듯한 느낌, 즉 작열감灼熱感 때문에 붙여진 이름이라고 한다.

쐐기풀은 유럽, 북아프리카, 아시아 일대에서 자생하지만 위험한 가시 때문에 인간뿐만 나아가 초식동물마저도 식용으로 사용하지 못했다. 그러나 슈퍼 푸드로써의 약효를 인지한 일부 사람들은 조리법을 개발하여 식용으로 사용하였는데, 그 방법이란 바로 센 불로 끓이는 것이었다.

그렇게 섭취한 대표적인 인물이 바로 밀라래빠였다. 그가 단순히 배고픔을 달래기 위해서 먹었는지, 아니면 슈퍼 푸드로써의 효능을 알고 먹었는지는 확인할 수 없다. 하지만 그는 이 쐐기풀을 주식으로 삼아 고난도의 수행을 완성하여 최고 수행자의 반열에 오른 것이다.

그런데 밀라래빠의 아이콘으로 자리 잡은 이 쐐기풀이 요즘 시쳇말로 뜨고 있다. 다양한 레시피가 개발되는 것은 물론 항암치료제, 무공해 살충제, 화장품, 소화기 개선, 항염증, 항산화, 해독, 혈액순환 개선, 면역력 강화, 요로결석 예방, 빈혈 예방, 출산 후 수유 원활, 폐경 전후 혈류 개선 등등 다양한 효능이 검증

— 『식물도감』에 그려진 쐐기풀.

— 안나푸르나 산기슭에 자생하는 쐐기풀.

— 쐐기풀을 베서 집게로 잡아 다듬고 있다.

2부_ 수행자의 발자취를 따라서

되었다. 현재도 광범위한 분야에서 꾸준하게 연구와 개발이 진행 중에 있다고 한다.

삽툭 수프의 원조는 밀라래빠

비건(Vegan)의 선구자인 밀라래빠가 쐐기풀을 주식으로 삼았기에 몸이 초록색으로 변했다는 사실은 이미 이야기한 바 있다. 그래서 나는 이것을 '밀라래빠 삽툭 수프(Sap-Thuk Soup)'라는 이름으로 부르기로 하였다.

쐐기풀은 네팔어로는 '시슈누(Sishnue)'라고 부르는데, 네팔인들은 옛날부터 수프 또는 감기약으로 사용해 왔다고 한다. 물론 싱싱한 채소는 봄, 여름철에만 맛볼 수 있지만 요즘은 즉석용 가루와 차로 응용할 수 있는 제품이 판매용으로 출시되고 있다.

이 쐐기풀 죽의 레시피는 다음과 같다.

● **재료**

봄철 신선하고 억세지 않은 쐐기풀(반 바구니 정도), 짬빠(구운 보릿가루), 밀가루, 옥수수, 전분, 소금, 매운 사천식 후춧가루, 카레, 고추, 마늘, 양파, 파. 식성에 따라 육류 종류를 추가해도 된다.

—— 쐐기풀 죽을 시식하는 필자.

● **준비 과정**

1. 쐐기풀을 여러 번 깨끗하게 씻은 후 평평한 쟁반에 펴놓고 집게로 잡아서 작은 조각으로 자른다. 반나절 동안 시들게 해서 가시의 숨을 죽인 다음 밀가루 등을 뿌려 가며 여러 번 섞어 놓는다.

2. 한편 큰 냄비에 찬물을 넣고 가열하여 물이 끓어오르면 준비된 재료를 넣고 15~20분 동안 국자를 사용하여 휘저어 가면서 푹 끓인다.

3. 준비된 곡물가루 2스푼을 작은 컵에 넣고 잘 섞은 다음 소금, 사천 후춧가루 등을 첨가하여 준비해 둔다.

4. 다진 마늘과 양파를 기름에 볶은 다음 그것들이 갈색이 되면 3번 준비물과 함께 끓는 냄비에 붓고 나서 국자를 사용하여 저어 가며 더 끓인다.

5. 푹 끓고 나서 조금 맛을 보고는 뭔가 부족하면 다시 간을 맞추거나 짬빠 등을 더 넣어서 농도를 조절하여 불을 끄고 뜸을 들인다. 그리고 조금의 시간 흐른 뒤에 죽사발에 옮겨 담아 맛있게 먹으면 된다. 이때 공양게供養偈로 다음과 같은 '밀라래빠 만트라'를 염송하면 금상첨화겠다.

옴 아 구루 하사 바즈라 사르바 싯디 파라 훔
Om Ah Guru Hasa Vajra Sarva Siddhi Phala Hum.(3번)

—— 여러 종류의 네팔산 쐐기풀잎 상품들.

전통적인 수프 말고도 수제비 식의 '밀라래빠 삽툭 텐툭(M. Sap-Thuk Thenthuk)'도 훌륭한 레시피가 될 듯하다. 다른 것은 위의 수프와 같고 다만 밀가루를 반죽할 때 쐐기풀 가루를 적당히 넣어 주물러서 탕이 끓을 때 마치 수제비처럼 얇게 펴서 떼어 넣고 끓이면 된다.

물론 채식주의자가 아니라면 멸치 또는 육류를 추가해도 된다. 하지만 이 수프의 주인공 밀라래빠가 사슴을 보호하기 위해 사냥꾼의 화살을 대신 맞은 자비심을 생각한다면 이 수프만이라도 비건으로 맛보는 것도 좋을 것이다. 물론 넓게는 호모사피엔스의 오만으로 이미 파국으로 치닫고 있는 푸른 별 지구의 기후 변화를 지연시키고 좁게는 자신의 건강을 지키기 위해서 선택적 채식주의자 비건(Vegan)으로 살 것인가? 아니면 육식주의자 카니보어(carnivore)로 살 것인가? 하는 문제는 개개인에 따라 선택하는 문제겠지만 말이다. 이제는 우리 모두 심각하게 숙고해 볼 때가 되지 않았나 하는 생각이 든다.

뚬모수행

밀라래빠 같은 요기들은 두꺼운 옷을 착용하지 않고 추운 겨울을 지낸다. 그들은 자연계의 무한한 쁘라나(Prana, 氣)를 끌어들

—— 뚬모수행을 하는 요기의 차크라를 연결하는 에너지 통로를 묘사한 탕카.

여 불의 에너지로 바꾸어 에너지 통로(Nadi, 經絡)로 흐르게 하여 추위를 이겨낼 수 있기에 오직 무명옷 한 벌로 겨울을 지낸다.

마치 초능력처럼 보이는 이 술법이 바로 까규빠의 전문 수행법인 '나로육법(Six Yogas of Nāropa)'의 기본기인 '뚬모(Tummo, 生熱)'이다. 서양인 최초의 여성 요기로 알려져 있는 데비드 닐(Alexandra David-Neel)은 이 뚬모에 대하여 다음과 같이 기록하고 있다.

> 오랜 수련으로 혹독한 추위를 견디어 낼 자신이 있다고 준비된 요기들은, 달 밝고 몹시 춥고 바람 부는 밤, 호수나 강으로 나가 얼음판에 구멍을 뚫고 알몸 상태로 물속으로 들어가 가부좌를 틀고 앉아 찬물에 적신 수건을 몸에 뒤집어쓰고 체온으로 젖은 수건을 말리는 일종의 자기 점검훈련을 한다. 이런 극한克寒의 행위를 새벽 동이 틀 때까지 계속해서 되풀이하는데, 이렇게 수건을 많이 말린 요기를 그날의 장원으로 뽑고, 이런 시험을 통과한 사람에게 '래빠'란 호칭을 허락한다.

왜? 대체 무엇 때문에? 이 수행자들은 쐐기풀을 먹어 가며 한겨울에 알몸으로 이런 극한의 고행을 사서 하는 것일까?

수행자의 발자취 ④

연꽃에서 태어난 사람
빠드마삼바바

"훔 바즈라 구루 빠드마 싣디 훔"

– 마하 구루(Maha Guru)에게 바치는 만트라(Mantra, 眞言).

『바르도 퇴돌』의 출현에 대한 글을 쓰는 참에 티베트학의 최대 화두 중의 하나인 '연꽃에서 태어난 사람(Padmasambhava, 蓮華生)'은 도대체 어떤 인물인가? 그리고 그가 정말로『바르도 퇴돌』의 원저자原著者인가에 대한 몇 가지 쟁점을 다루어 보고자 한다.

마하 구루, 구루 린뽀체, 빠드마삼바바

오늘의 주인공 '연꽃도사'는 티베트, 네팔, 인도, 시킴, 부탄 등지에서 주류를 이루는 '금강승金剛乘(Vajra-Yana)' 불교권에서 '제2의

―― 닝마빠의 교조教祖 빠드마삼바바의 탕카.
이런 탕카는 15세기에 오르겐 링빠(Orgyen Lingpa)에 의해 체계화되었다.

—— 티베트 불교권 곳곳에서 만날 수 있는 빠드마삼바바의 거대한 소상들은 그를 제2의 붓다라고 말해 주고 있다.

붓다'로 불릴 정도로 묵직한 비중을 차지하는 인물이다. 어찌 보면 석가모니 부처님보다도 더욱 많은 사랑과 경배를 한몸에 받고 있다고 말해도 지나치지 않다. 그럼에도 세계불교사에서 그의 위치는 명확하지 않다. 북방, 남방불교에서는 말할 것도 없지만 티베트 쪽 역사서에서도 그의 행적은 의외로 간략하다. 삼예 사원의 창건설화인 『바세』와 부톤 린첸둡(Buton Rinchengrub, 1290~1364)의 『불교사』 등에 단편적으로 전해지고 있다.

뒤돌아보면 꽤 오랫동안 이 연꽃도사와 스쳐 지나가는 인연이 있었다. 하지만 당시는 그런 상황을 제대로 이해하지 못한 탓으로 불교사적 인물로 보지 못했다. 단지 민중들의 요구로 합성된 '전설의 합성체'로 인식하였기에 크게 비중을 두지 않고 지내 왔다. 왜냐하면 그는 분명히 실존 인물이긴 하지만 그를 둘러싸고 있는 다분히 SF적인 이야기를 대할 때마다 역사 속의 실존 인물로 믿기에는 석연치 않았기 때문이었다. 무엇보다 어디에서도 그의 생몰연대 표기를 본 적이 없던 것이 결정적인 이유였겠지만….

연꽃도사의 비상

앞서 이야기한 것처럼 그는 후대에 들어와서 아니 현재에도 불교 수행자라기보다는 마치 호랑이를 타고 돌아다니는 마법사에

—— 『바르도 퇴돌』을 독송하고 있는 티베트 불자.

—— 빠드마삼바바가 네팔에서 티베트로 넘나들었던 망율 궁탕 고개.

가까운 초인적인 인물로 설역고원의 민초들의 가슴에 깊이 새겨져 있다.

그를 티베트로 초청한 토번제국의 제38대 짼뽀(王)인 티송 데쩬(Trisong Derchen, 755~797)과의 첫 만남도 그렇게 시작되고 있다. 신심 깊은 국왕은 오랫동안 기다리던 유명한 스승이 설역 땅에 들어온 것을 기뻐하며 왕궁 근교까지 마중을 나갔다. 많은 황금을 바치며 가르침을 구했을 때, 연꽃도사의 행동은 정말로 파격적이었다. 그는 "나는 황금을 찾으러 온 것이 아니다."라고 말하면서 많은 황금을 노란 모래로 만들어 버렸다. 그 외에도 얄룽짱뽀 강물을 거꾸로 흐르게 하는 등 마치 기적 같은 행동을 국왕과 신하들과 민초들에게 보여주었다고 한다.

물론 이런 행적의 전설화는 닝마빠에 소속된 몇몇 불교학자들의 의도에서 시작되었다고 보인다. 자신들의 스승이 위대해질수록 자신과 자신의 종파에게 이득이 되기 때문이니까. 그것을 주도했던 첫 번째 인물은 니마 외제르(Nyima-Özer, 1124~1192)였다. 그는 『구리 궁전(Zangling-ma: The Copper Palace)』이라는 빠드마삼바바의 전기를 저술하면서 전설화의 날개를 달았고, 뒤를 이어 여러 명의 편집자들이 그의 행적을 조금씩 부풀려 나가면서 신비의 날개를 달아 설역고원으로 날려 보냈다.

그 후 『구리 궁전』류의 전설화는 14세기에 이르러 완성되었다.

오르겐 링빠(Orgyen Lingpa)라는 예술가는 1352년에 제작한 〈빠드마 카탕(Padma-bka-thang, 遺敎)〉에서 연꽃도사의 행장을 12단계로 나누어 시각적으로 체계화시켰다. 말하자면 붓다의 삶을 표현한 팔상성도의 패러디라고 볼 수 있는 작품이다. 이런 일련의 작업들은 닝마빠에 의해 전승되어 티베트의 다른 유명한 영웅 서사시와 민간적인 전설을 제치고 마침내 연꽃도사를 두 번째 붓다라는 경지로 밀어 올려놓았다.

연꽃도사의 고향 우디야나(Oḍḍiyāna)

역사적인 인물에 대하여는 생몰연대를 병기併記하는 것이 당연하다. 그러나 나 자신도 수십 년 동안 연꽃도사를 화두로 삼아 온갖 자료의 밀림을 헤집고 다녔으나 그런 병기의 사례를 보지 못했다. 그래서 지금 내가 처음 사용하는 '구루 린뽀체 빠드마삼바바(732~804?)'라는 표기는 아직은 그냥 가설假說일 뿐이라는 사족을 달아야 한다. 그만큼 연꽃도사의 생몰연대 비정比定은 조심스러운 문제이다.

그의 실존에 대한 키워드를 쥐고 있는 자료는 두 종류이다. 하나는 중국 쪽의 것이고, 다른 하나는 중인도 출신의 순례승 수바하카라심하(Subhakarasimha, 637~735)의 기록이다. 그는 고향을 떠

—— 빠드마삼바바의 탄생지인 현 파키스탄 스와트 계곡 입구의 대도시 차크다라 성곽.

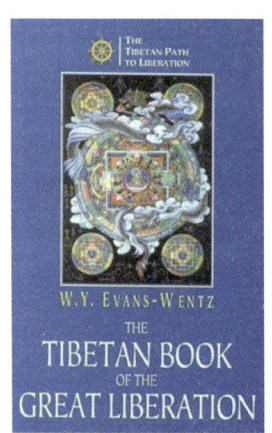

—— 에반스 웬츠가 편집한
『티베트 해탈의 서』 표지.

나 중국으로 향하던 중 714~715년 우디야나에서 잠시 머물게 되었다. 그리고 다음과 같이 기록하였다.

> "보드가야에서 서쪽으로 향하는 도중에 우디야나 지방에 자투마띠(Jatumati)라는 곳이 있는데, 그곳에는 인드라 부띠(Indra Bhuti) 왕이 살았던 에메랄드 궁전이 있다."

이 자투마띠 마을에 대해서는 『티베트 사자의 서』의 편저자로 유명한 에반스 웬츠도 1954년 옥스퍼드대학 출판부에서 발행한 『인드라 부띠 왕과 소원을 이루는 보석』 조에서 역시 같은 내용으로 소개하고 있다.

── 빠드마삼바바의 탄생지로 비정되는 우디야나의 안단 데리 대탑 유지.

여러 가지 종류의 자료에서 보이는 이 인드라 부띠 왕이 바로 연꽃도사의 양아버지이다. 이렇게 실증적인 방법으로 비정하면 다음과 같은 결론에 도달한다. 후에 연꽃도사라고 불리게 되는 이 아이는 물원숭이해[水申年(732)]에 다나꼬사(Danakosa) 호숫가의 작은 영주였던 싸크라 왕과 왕비 사이에서 태어났다. 몸에 상서로운 표시가 있었기에 도르제 두둘(Vajra Demon Subjugator)이라고 불렸다.

그러나 8살 때 자식이 없는 우디야나 왕국의 인드라 부띠 왕에게 입양되어 왕자로 자랐고 13살 때 바사다라 공주와 약혼도 했다. 그러나 당시 국내외 정세의 큰 변화로 인해(중략), 나라를 떠날 수밖에 없어서 그의 직속 호위대와 함께 스와트 계곡과 인더스 강을 거슬러 올라가 카슈미르로 들어가 20살까지 유랑생활을 하였다고 한다.

『바르도 퇴돌』의 원저자는 누구인가?

연꽃도사를 개조開祖로 받드는 닝마빠 학파에는 다음과 같은 이야기가 전해 내려온다. 위대한 스승께서 한때 핍박을 받고 계셨을 때 제자들과 함께 설산의 동굴로 숨어들어 새로운 시절인연을 기다리면서 경전들을 티베트어로 번역하셨다. 그렇게 번역된 경전이 이른바『108 테르마(寶藏)』인데, 당시는 그것들을 세상에 공개할 여건이 되지 못했다. 히말라야 동굴 속에 몇 권씩 숨겨 두고 몇 명의 특수한 제자들에게 때가 되면 그것들을 찾아내어 세상에 전하라고 부촉하셨다고 한다.

이런 비법은 닝마빠의 스승과 제자 사이에 비밀스럽게 전해지는 방법인데, 대개 두 가지로 나뉜다. '서장書藏'은 경전 자체를 비밀스런 동굴 같은 곳에 숨기는 방법이고, '식장識藏'은 사람의 의식 속에 숨기는 방법이다. 그것이 바로 테르마(Tertma, 堀藏經)와 테르퇸(Terthön, 堀藏師)이다. 물론 믿거나 말거나 한 이야기겠지만 지

―― 닝마빠 최고의 수행경지로 수행자가 죽을 때 무지개로 변한다는 칠채화신七彩化身을 표현한 탕카.

―― '아(ཨ)' 자가 들어 있는 이 표식은 닝마빠 수행의 최고의 경지를 상징한다. 그들은 우주의 본체를 '아(ཨ)' 또는 한자 '아阿' 자를 상징하여 이것을 관觀하는 수행을 한다.

금까지 테르뙨들이 찾아낸 테르마는 65권에 이른다고 전해지고 있다. 그중 한 권, 아니 '한 묶음[函]'이 바로 유명한 밀리언셀러 『바르도 퇴돌』, 즉 『티베트 사자의 서』이다.

현재 알려진 바로는 이 놀라운 문헌의 원저자는 바로 빠드마삼바바이다. 그러나 여러 명의 티베트학 연구자들은 조금 다른 견해를 제시하고 있다. 물론 원저자가 빠드마삼바바라고 하더라도 후대에 죽음의 문턱을 들어갔다 나왔던 여러 명의 경험담이 역시 여러 명의 편집자에 의해 현재와 같은 텍스트로 재편집되었을 가능성을 배제하지 않고 있다.

미스테리에 싸인 연꽃도사의 마지막

세월의 수레바퀴 깔라차크라는 무심하게 돌고 돌아 803년이 되자 유일하게 연꽃도사를 알아주었던 영걸 티송 데쩬 왕이 서거하였다. 대권을 아들 무네 짼뽀에게 넘겨주고 조용한 수행처에서 은거한 지 6년 뒤였다.

이에 연꽃도사도 20여 년 동안 살았던 정든 설역 땅을 떠날 때가 되었음을 알고 다음 해인 804년(Wooden Monky) 봄, 그의 나이 72살 때 젊은 왕과 대신들과 귀족들에게 작별 인사를 하고 많은 제자들의 송별을 받으며 망율 땅의 궁탕고개로 향했다. 그리고는

― 빠드마삼바바의 열반지로 비정되는 부탄 붐탕 지역의 꾸르제 라캉.

천상의 무지개에 올라타 유성처럼 날아서 빛 속으로 사라졌다고 한다. 이른바 닝마빠의 대성취자만이 증득할 수 있다는 '무지개 몸[Rainbow body, 七彩化身]'으로 변해 사라졌다는 말이다. 그러므로 닝마빠들의 입장처럼 신비의 안개 속에 가려놓은 그의 마지막을 추적하는 것은 의미가 없을 수도 있겠다. 그래도 반드시 그의 연보를 완성해야 한다면 804년으로 비정할 수는 있겠다.

그 근거로 나는 연꽃도사에 대한 마지막 흔적을 부탄 붐탕(Bumthang)의 꾸르제 라캉(Kurjey L.)의 한 동굴에서 찾을 수 있었기 때문이다. 역시 설에 따르면, 그곳에 연꽃도사의 시신屍身의 흔적이 남아 있었다고 하지만 역시 정확한 연도는 확인할 수 없었다.

그러나 부탄 왕국에서 연꽃도사의 체취를 맡을 수 있는 곳이 많다는 것도 이런 비정을 내리게 된 뒷배경이기도 하다. 그중 가장 유명한 곳이 파로탁상 사원인데, 그는 나르는 호랑이로 변신하여 그의 배우자 예세 초겔과 함께 설역 본토에서 그곳으로 날아왔다고 한다. 그리고 왕의 노여움을 사게 된 지역신을 조복시키기 위해 거대한 가루다(Galuda) 새를 타고 붐탕으로 향했다고 한다. 그렇다면 이곳 붐탕을 연꽃도사의 마지막 체취가 남아 있는 곳으로 마침표를 찍는다면 지나친 비약일까?

수행자의 자취 ⑤

구루 린뽀체를 따라서 삼예 사원으로

현재 네팔과 티베트 땅을 가르는 고개 중에 '공땅라모(Gongtang Lamo, 孔唐拉姆)'라는 아주 높은 고개가 있다. '공땅'은 지명이니 '공땅의 선녀고개'로 풀이된다. 바로 구루 린뽀체가 여러 차례 넘나들었다는 유서 깊은 고개이다. 그뿐만 아니라 연꽃도사보다 2세기나 앞서서 네팔의 브리꾸띠(Bhrikuti) 공주가 정략결혼으로 라싸로 시집가기 위해 넘어갔던 '니번고도尼蕃古道' 상의 고개이기도 하다.

그런데 이런 유서 깊은 고개가 중국의 티베트 점령 후

── 공땅라모 고개에서 만세를 부르는 필자.

완전 차단되어 망각의 강너머로 들어가 버린 지 반세기가 넘었다. 그렇기에 나를 비롯한 티베트 마니아들에게는 불가능한 버킷리스트 1번이었다. 뜻밖에도 2015년 4월 대지진의 여파로 그동안 두 나라 간의 유일한 통로였던 '잠무(Jammu)-꼬다리(Kodari)'* 국경이 막히게 되어 두 나라는 궁여지책으로 이 고갯길을 대신 개방하게 되었다.

이에 설레는 가슴을 안고 네팔에서 바로 공땅라모 고개를 넘어 그리운 티베트 본토에 입성하여 마침내 대사원을 내려다볼 수 있는 해뽀리(Hapori) 산 언덕에 다시 설 수 있었다.**

영광의 삼예 추라캉

삼예(Samye)의 정식 명칭은 '삼예 미구루 룬둡 추라캉'인데, '영광의 불가사의 대가람'이란 뜻이다. 티베트에서는 일반적인 법당을 '라캉'이라 부르는데, 삼예는 특별히 '추라캉(Tsulhakhang)'이라 부르며 차별화할 만큼 존재감이 뚜렷한 가람이다.

---

* 네팔의 라수와 가디(Rasuwa Ghadhi) 마을은 카트만두에서 110km 떨어져 있고, 끼롱현 마을은 티베트의 제2의 도시 시가체에서 540km 떨어져 있다.

** 졸저, 『티베트 역사산책』(정신세계사, 2003)에 〈나의 삼예사원 순례기〉가 수록되어 있다.

―― 삼예 사원의 전경. 인도 비하르(Bihar)주에 있는 오단따뿌리(Odantapuri)를 모델로 하여 『구사론俱舍論』의 수미산설須彌山說에 의한 우주관을 반영해 세운 사원으로 만다라식의 둥근 벽으로 둘러싸여 있다.

가쁜 숨을 몰아쉬고 가람 전체가 한눈에 들어오는 곳으로 올라갔다. 멀리는 설역고원의 젖줄인 드넓은 얄룽짱뽀강이 굽이져 누워 있고, 사방으로 크고 작은 산들이 평탄한 분지를 에워싸고 있는 가운데 유서 깊은 추라캉이 솟아 있었다. 과연 명불허전이었다. 그것은 입체적 만다라였고 인공적 수미산須彌山이었다. 비로자나불을 주불로 하는 '대일여래大日如來 만다라' 그 자체였다.

수미산은 우주의 중심축으로 인식되고 있는 산으로 7겹 황금산과 7겹 바다로 에워싸여 있으며 그 밖으로 잠부디빠(Jambudipa)

―― 해뽀리산 중턱에서 유서 깊은 삼예 사원을 바라보며 깊은 감회에 젖은 필자.

―― 정문 오른쪽에는 사원의 창건 유래가 새겨진 〈흥불맹서비興佛盟誓碑〉가 천년의 비바람 속에 서 있다.

―― 삼예 사원 벽에 그려져 있는 삼예 사원 벽화.

―― 닝마빠의 전승계보傳承系譜를 그린 탕카.

라고 부르는, 우리가 사는 이 지구별이 자리 잡고 있는 구도로 되어 있다. 한역하면 염부제주閻浮提州 또는 남섬부주南贍部洲라고 부르는데, 그런 우주론을 상징하듯이 동그란 가람의 경내에는 수미산을 상징하는 3층의 위체라캉(Utse Lhakhang, 大殿)을 배치하였고, 그를 중심으로 동서로는 일광전과 월광전이, 4방으로는 4천왕과 4대탑인 청, 홍, 백, 흑색의 초르텐을 조성해 놓았다.

삼예 창건에 관한 기록인 「바세르-바의 유언遺言(Testament of Ba)」*에 의하면 티송 데쩬(Trisong Detsen, 재위 755~797, 서거 804) 왕의 원력 아래 토끼의 해(763년)에 시작하여 양의 해(775년)에 완공되었다고 한다. 창건 당시는 크고 작은 108좌의 탑이 세워져 있었다니 당시의 장엄한 모습을 상상해 보면 저절로 환희심이 우러나온다. 현재 사원 안에는 석비石碑와 동종銅鐘이 보존되어 있어서 이 추라캉의 유구한 역사를 증언해 주고 있다.

> "이 종을 만들어 시방세계 삼보三寶에게 공양을 드린다. (중략) 티송 데쩬 쩬뽀 모자와 부부 그리고 60여 명 시주자들은 이 종의 법음法音을 듣고 깨달음을 얻기를 기원한다."

◇◇◇◇◇◇
* 대영도서관에 소장된 「바세르-바의 유언」은 6줄에 불과한 필사체 기록이지만 역사적 인물로서의 구루 린뽀체에 대한 초기의 연대기로 티송 데쩬(재위 755~797, 서거 804)의 통치하에 삼예 사원의 설립에 대한 사실이 기록된 소중한 사료이다.

—— 삼예 사원의 랜드마크인 위체라캉 전경.

— 청색 초르텐.

— 홍색 초르텐.

— 백색 초르텐.

— 흑색 초르텐.

드디어 12년간의 공사 끝에 이 웅장한 추라캉이 준공되어 불상의 개안법회開眼法會가 열렸는데, 이 자리에서 티송 데쩬 왕은 이전에 시행하던 배불排佛 정책인 팀부충을 파기하고 대신 불교를 숭배하는 조칙詔勅을 내려 조정 대신들에게 서명하게 하였고, 그것을 돌에 새겨 영구히 보존토록 하였다. 바로 유명한 〈흥불맹서석비興佛盟誓石碑〉로 1천 2백여 년이 지난 지금까지도 위체 법당 왼쪽에 서서 그날의 정경을 전해 주고 있다.

삼예 창건의 주역 구루 린뽀체

우리의 연꽃도사 즉 우디야나의 비댜다라(Vidyadhara)가 설역고원으로 올라와 처음 티송 데쩬을 대면하는 광경은 거창하게 포장되어 민간에 회자되고 있다. 시절인연이 무르익은 것을 깨달은 구루 린뽀체는 왕의 초청을 받아들이기로 하고 도중에 네팔에서 악마들의 조복을 받고 히말라야를 넘어 마침내 라싸 근교까지 마중 나온 티송 데쩬과 대면하였다. 이때 수많은 인파가 모여들었는데, 그는 왕에게 절을 하지 않고 다만 게송偈頌 하나를 읊었다.

헤아릴 수 없이 오랜 세월 속에서 복덕과 지혜를 쌓은
나는 연꽃 속에서 태어난 붓다라네.

무한히 심오한 진리를 터득하고 삼장을 배워 통달한
나는 연꽃 속에서 태어난 성스러운 '다르마(Darma)'라네.

이런 무례한 모습에 신하들이 흥분하여 칼을 빼 들자 빠드마는 손가락으로 그들을 가리켰다. 그러자 손끝에서 불꽃이 일어 왕과 신하들의 옷을 태웠고, 천둥과 지진이 뒤따랐다. 이에 왕과 대신들과 사람들은 '연꽃도사' 앞에 엎드려 경배를 드렸다고 한다.

또한 삼예의 건설을 놓고 그와 토지신들과 벌인 대결도 역시 한편의 SF같은 스토리이다. 삼예의 공사는 토지신의 훼방으로 여러 차례 중단되곤 했는데, 사실 이 귀신이라는 것은 전통 신앙인 뵌뽀교와 손잡아 왔던 극우파 세력이었다. 그들은 '토지신의 노여

— 연꽃도사와 티송 데쩬 왕이 처음 만나는 장면을 묘사한 탕카.

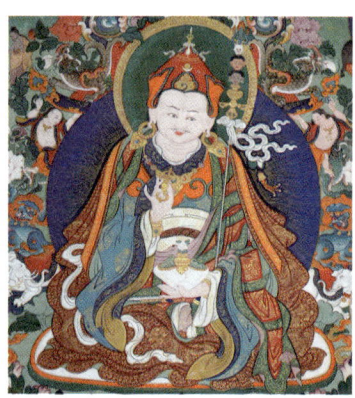
— 삼예의 창건주 연꽃도사의 탕카.

―― 연꽃도사가 25명의 닝마빠 제자들을 가르쳤다는 침뿌(Chimpu) 계곡의 108개 수행동굴.

움'을 내세워 낮에 쌓아 올린 공정을 밤에 몰래 허무는 식의 조직적인 방해를 하였다. 이에 국왕조차도 어찌할 수 없었기에 신통력이 막강하다고 소문이 자자한 인물을 수소문하여 초청하게 되었던 것이다.

그리하여 선정된 인물이 바로 연꽃도사였다. 그는 공사장에 도착하자마자 무서운 형상의 가면춤 참(Cham)을 며칠 동안 밤낮으로 추게 하였는데, 그때 춤에서 나온 정화의 기운이 토착귀신을 길들여서 공사를 회향할 수 있었다고 한다. 이런 요란한 만트라 불교의식이 어떻게 설역에서 삼예 창건의 또 다른 주역인 산따락시따(Śāntarakṣita, 725~788)로 대변되는 경전에 기초한 언어적인 가르침보다 우위에 서게 되었는지를 보여주는 실례라 하겠다.

삼예쟁론

삼예 추라캉이 준공되고 794년에는 티베트 불교 역사상 가장 유명한 사건 중의 하나가 이곳을 무대로 벌어지게 된다. 이른바 삼예쟁론이 그것이다.

티베트에 인도불교가 뿌리를 내릴 당시, 이미 오래전에 당唐나라로부터 문성, 금성공주를 따라 중국불교도 전래되어 있었고, 당시 티베트고원을 횡단하여 인도를 드나들었던 현조玄照 법사*를 비롯한 몇몇 중국 승려들이 왕래를 하면서 왕후를 비롯한 왕실에 신자를 두고 있었다.

그러니 먼저 자리를 잡은 선종계 중국불교 신자들의 눈에 비친 금강승불교는 해괴한 종교로 보였고, 반대로 인도불교의 눈에는 돈오頓悟를 강조하는 선불교의 수행방법이 역시 이단적인 것이었다. 이에 서로 반대의론이 거세게 일어나자 티송 데쩬은 중국계와 인도계 불교가 논쟁을 벌여 우열을 가리도록 하는 조칙을 내렸다.

「바세르」에 의하면 이에 인도불교 측에서는 산따락시따의 제자이며 중관계中觀界 불교학자인 까마라실라(Kamalasila)가 출전하고 중국불교 측에서는 마하연摩訶衍 선사가 대표선수가 되어 어전御殿에서 며칠 동안 격렬한 대논쟁을 벌였다. 그러나 결과는 인도불교의 승리였다고 한다. 이에 결과에 승복하고 마하연은 인도의 전통대로 상대방의 머리에 꽃다발을 얹어 주고는 그해 다시 돈황으로 돌아갔다고 한다.

---

* 당나라 사신 왕현책王玄策이 중천축을 4번씩이나 들락거렸던 고개인데, 당시 이 사절단에는 서역 개척을 최우선으로 하던 당나라의 정책으로 대홍선사大興善寺의 현조법사玄照法師를 주축으로 하는 승려들도 한 무리를 이루고 있었다. 그들 중에는 혜륜慧輪을 비롯한 6명의 해동海東의 순례승이 섞여 있었다.

따왕 사원과
비운의 제6대 달라이 라마

 따왕 사원이 자리 잡은 아루나찰주는 아득히 멀다. 거대한 인도대륙에서도 최동북부에 자리 잡고 있는 곳으로 이름마저도 '해가 뜨는 곳'으로 불린다. 북쪽으로는 티베트, 남쪽으로는 방글라데시, 동쪽으로는 미얀마, 그리고 서쪽으로는 부탄 왕국에 접해 있다. 마치 부탄 왕국 뒤에 숨겨져 있는 것처럼 보인다. 본국 인도와는 '실리구리 통로(Siliguri Corridor)'로 겨우 연결된, 외로운 히말라야 산속의 외톨이 땅이다. 그렇기에 따왕으로 가기 위해서는 우선 인도 국내선을 타고 아쌈주(Asam D.)의 구와하띠(Guwahati)나 떼즈뿌르(Tezpur) 공항에서 내려 지프차로 갈아타야 한다.

 힘들게 아쌈주까지 갔다고 해도 또 다른 걸림돌이 기다리고 있다. 바로 '제한지역 방문허가증(PAP)'이다. 여행 허가는 두 가지 종류가 있는데, 외국인은 반드시 '외국인용 허가(Protected Area Permit)'가 필요하단다. 물론 바가지요금이다. 2박 3일 만에 겨우 허가증을 받으면서 들은 말은 "한국 사람은 처음"이었다.

그다음은 따왕까지 가는 합승 지프(Share Jeep)을 수소문하여 가격 흥정을 해놓고 이른 새벽에 출발해야 한다. 떼즈뿌르에서 따왕까지는 약 330km거리에 대략 12시간 정도 소요되기에 오밤중에 내리면 숙소 잡기가 어렵다. 그러므로 가는 동안 운전기사에게 부탁하여 사원에서 제일 가까운 곳에 숙소를 예약해 두는 것이 좋다.

옛 티베트의 영토 '묀율'

현 아루나찰은 중세기 때부터 티베트 땅 '묀율(Mön Yul)'로, 사람들은 '묀빠(Mönpas)'라고 불렀다. 「티베트 연대기」에 따르면, 9세기경 붕괴된 토번제국 왕의 후손들이 이곳으로 들어와 소왕국을 세웠기에 지금도 겉으로는 인도 땅이지만 '속으로는' 티베트이다

17세기에 들어와서 '법왕제도'를 확립한 위대한 제5대 달라이 라마 롭상 갸초가 '묀율'을 다스리기 위해 복합행정 중심지인 '쫑(Dzong)'이라는 요새를 만들었다. 당시 사원은 별도로 라마승을 주로 하는 '까또(Kato) 의회'를 두어 사원을 자체적으로 관리해 왔다. 지금도 그런 제도는 유효하여 비록 주인은 바뀌었어도 옛날 티베트적 제도는 살아 있다.

── 초가을인데도 거대한 가람에 새벽 눈이 사뿐히 내리고 있다.

—— 두캉라캉 법당 앞 넓은 마당을 중심으로 중요한 건물들이 자리 잡고 있다.

―― 두캉라캉 내부 모습.

―― 아침 조회를 위해 강당 마당에 모여 있는 어린 겔룩빠 사미승들.

영국의 식민지 통치가 끝난 후 인도는 1947년에 독립하였고 붉은 중국도 1949년에 건국하면서 티베트 본토를 차지했지만, 따왕이 속한 아루나찰은 1987년 2월 20일에 인도의 한 주州(Dist)로 편입되었다.

그 배경은 1914년 북인도 심라(Simla)에서 열린 영국, 인도, 티베트의 '3자 회의'에서 비롯되었다. 당시 티베트는 언어와 문화권을 기준으로 국경선을 정하자고 제안했지만, 영국령 인도의 외교장관이던 헨리 맥마흔은, 히말라야 남쪽에 있는 아루나찰을 인도 영토로 편입시키자고 제안하였다. 티베트로서는 자국이 통치하던 일부 지역을 인도로 넘겨주는 국경선을 인정하기 싫었지만 독립을 위해서는 영국의 지원이 필요했기 때문에 할 수 없이 '심라조약'에 서명했고, 이어서 영국이 설정한 이른바 말썽 많은 '맥마흔 라인(McMahon Line)'이 지도 위에 그어졌다.

그러나 중국은 이 '라인'을 인정할 수 없다며 당시 '실효지배'를 하고 있는 인도가 군사초소를 설치한 것을 계기로 여러 차례 무력충돌을 일으켰고 이런 상황은 현재도 진행형이다. 그러니까 '묀율'은 원래 티베트 땅인데, 중국과 인도가 현재 서로 주인 노릇을 하고 있는 셈이다. 그런 곳이 어디 여기뿐이랴? 티베트 본토는 차치하고서라도 라다크, 시킴, 무스탕, 부탄 왕국도 모두 같은 처지인 것을….

백마가 선택한 거찰 따왕 사원

아득히 멀고 높은 3,300m에 위치한 따왕 사원에는 한때는 700여 명의 승려들이 거주하고 있었다고 하나 현재는 450여 명의 겔룩빠 승려들이 있다. 이런 규모라면 인도대륙 최대의 사원이고 아시아에서 두 번째로 큰 사원이라는 말이 허황된 것은 아니다. 더구나 '문화대혁명' 때 피해를 입지 않았던 몇 안 되는 곳이어서 문화재 보호차원에서도 귀중한 사찰이 아닐 수 없다.

따왕의 정식 명칭은 '따왕 걀단 남걀 라쩨(Tawang Galdan Namgyal Lhatse)'이다. 풀이하자면 '따왕'은 '말에 의해 선택된' 뜻이기에 '백마가 점지한, 완전한 승리의 신성한 낙원'이라는 뜻이다. 17세기 위대한 제5대 달라이 라마 롭상 걔초(Nagwang L.G.)의 원력을 성취하기 위해 파견된 메라 라마(Mera Lama)에 의해 설립되었다.

당시 메라 라마는 막강한 실권자가 원하는 최고의 사원을 세우기 위해서 최고의 명당자리를 찾아 오랜 기간 히말라야를 돌아다니다가 지쳐서 동굴에서 명상에 들어 어떤 계시를 기다리고 있었다. 그러나 자신의 백마가 사라져 버린 것을 알고 난감한 처지에 빠져 우선 말을 찾아 헤매다가 백마를 찾아내긴 했는데, 글쎄 그곳에서 서기瑞氣가 뻗치는 것을 보고 '숙세의 인연터'라고 확신하고 사원 건립을 시작하였다고 한다.

—— 거대하고 아름다운 3단 구조의 따왕 사원 일주문.

　따왕 사원의 배치도는 매우 특이하다. 천하의 명찰, 대찰을 두루 섭렵한 내 눈에도 매우 이채로운 구도였다. 사원은 3층 구조로 65개의 주거용 건물들이 늘어서 있고 282m에 달하는 여러 겹의 벽에 둘러싸여 있는데, 그 많은 건물들 사이를 시원한 도로가 연결하고 있다.

2부_ 수행자의 발자취를 따라서

── 따왕 사원 입구 '마니꼬르 회전통' 앞에 선 필자.

── 경내 입구에 자리 잡은 아름다운 티베트식 카페.

　의식이 거행되는 중앙광장을 중심으로 중요한 건물들이 배열되어 있는데, 크게 6개 건물군으로 구성된 사원을 올려다보면 마치 히말라야 위에 왕관을 씌워 놓은 듯 보이기도 하여 웅장하고 성스럽다. 사원 중앙마당으로 들어서면 먼저 까까링(Kakaling) 대문에 이른다. 마치 우리 법당의 '닫집'을 연상시키는 복합구조의 이 대문은 각종 오색 만다라로 현란하게 꾸며져 있고, 그 주위로 각종 수호신들이 사원을 굳게 지키고 있는 듯 서 있다.

　중앙광장 끝에는 두캉라캉(Dukhang Lhakhang)이 우뚝하다. 우리

—— 카페 안에서 히말라야의 정화精華인 '랄리구라스'가 흐드러지게 피어 있는 따왕추 계곡을 내려다보며 한 잔의 차茶를 마실 수 있다.

의 대웅전같이 사원의 무게 중심을 이루는 건물로써, 모든 승려들이 한자리에 모일 때 이용되는 큰 법당이다. 이 두캉 안에는 거대한 미륵불상이 자리 잡고 있는데, 불상의 크기가 거대해서 2층에서 내려다보아야 불상의 전부가 파악될 정도이다.

한 가지 덧붙일 것이 있다면, 따왕 사원과 겔룩빠 종단 그리고 제14대 달라이 라마의 인연에 대해서다. 성하는 1959년 망명길에 처음 인도로 들어와 따왕 사원에 도착하여 인도 본토로 이동하기 전에 며칠 동안 이 사원에서 머무르셨다고 한다. 그런 인연으

── 따왕 사원 서쪽 하늘이 저녁노을에 물들면서 나그네로 하여금 객수에 젖게 한다.

로 2009년 11월 8일 따왕 사원을 방문하였고, 또다시 2017년에도 방문하여 거창한 법회를 여는 각별한 관심을 과시하고 있어서 중국 당국의 촉각을 세우게 하고 있다.

참, 이곳 어딘가에 비운悲運의 제6대 달라이 라마 잠양 갸초(Tsangyang Gyatso, 倉央嘉措, 1683~1707)의 생가도 있으니, 이곳 따왕은 겔룩빠와는 인연이 깊은 곳이라 하겠다.

제6대 달라이 라마, 잠양 갸초의 고향

잠양 갸초의 고향집은 따왕 사원 아래에 있었는데, 지금은 자그마한 사원인 우르겔링 곰빠(Urgyeling G.)로 변해 있었다.

역대 14분의 달라이 라마 중에서 가장 이채로운 인물 한 분을 들자면 필자는 제6대 잠양 갸초(Tsangyang Tashi Gyatso, 倉央嘉措, 1683~1707)를 주저하지 않고 손꼽을 것이다. 그만큼 그의 생애는 영욕榮辱이 반전하는, 그야말로 드라마틱하다는 단어가 어울릴 만큼 비록 짧지만 강력한 여운을 남기는 생을 살다가 떠났다.

그는 히말라야 산골에서 태어나 어느 날 갑자기 설역고원 최고의 지고지순한 신분으로 수직상승하는 운명의 수레바퀴에 휘말렸다. 그러나 그는 당시 정치와 종교의 위정자들이 만들어 놓은 굴레에서 꼭두각시 춤을 추기보다는 그냥 한 인간으로 살기를 고집했던 자유로운 영혼의 소유자였기에 당시는 나락으로 떨어질 수밖에 없었다. 하지만 그는 수백 년이 흐른 뒤 우리 앞으로 다시 돌아왔다. 그것도 성스러운 사람이 아닌 한 사람의 위대한 시인으로 말이다.

내가 멀고 먼 따왕으로 발길을 내디딘 것은 물론 '인도 최대의 티베트 사원'이라는 꼭지에 흥미를 느낀 것이 사실이지만 그 외에도 비운의 달라이 라마가 태어난 곳이 그 근처에 있다는 일종의

—— 잠양 갸초의 고향집. 따왕 사원 아래 우르겔링 곰빠의 전경.

—— 우르겔링 곰빠 안. 역대 달라이 라마 영정을 모셔 놓은 기념관 내부.

—— 우르겔링 곰빠 입구에
'잠양 갸초의 고향집'이라는
안내문이 적혀 있다.

—— 제6대 달라이 라마 잠양 갸초의 탕카.

—— 우르겔링 담벼락 아래에서 명상 삼매에 든 필자.

2부_ 수행자의 발자취를 따라서

―― 라싸 조캉 사원 인근의 '마케아메' 카페 앞에 선 필자.

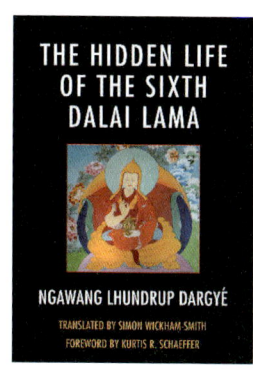 

——『제6대 달라이 라마의 비사秘史』 영어 버전 표지(왼쪽). 『잠양 갸초 전기傳記』 중국어 버전 표지(오른쪽).

가산점도 작용하였다. 왜냐하면 티베트대학에서 수학할 때 자주 갔었던 '마케아메(Makye Ame, 玛吉阿米)*'라는 티베트식 카페에서 제6대 달라이 라마가 작사한 노래를 비롯하여 뉴에이지풍의 초원 정가草原情歌를 즐겨 들으며 객수客愁를 달랬던 추억이 있었기 때문이다.

그렇기에 이번의 따왕행은 나로서는 특별한 의미를 부여할 수 있었고 더구나 구글링을 해보니, 그의 전기傳記와 그의 음악 앨범 그리고 카페 '마케아메'라는 항목이 많이 검색되기에 더욱 그러하였다. 말하자면 그는 한 분의 달라이 라마로서가 아닌 당당한 시인으로 이미 현대의 인드라망網에서 화려하게 환생還生하였던 것이다.

◇◇◇◇◇◇

* 이 '마게아메'는 '숭고한 어머니'라는 의미지만 시에서는 여인의 이름으로 보인다. 현재 베이징을 비롯해서 중국과 인도의 대도시에 같은 상호를 달고 성업중인 체인점이다.

2부_ 수행자의 발자취를 따라서

짧지만 드라마틱한 생애

잠양 갸초의 생애를 연출한 사람은 또 하나의 풍운아였던 상게 갸초(Sangye Gyatso, 1653~1705)였다. 위대한 제5대 달라이 라마 나왕 갸초(Ngawang Gyatso)를 오랫동안 섭정攝政했던 바로 그 인물이었다. 그는 주군을 보필하여 티베트 역사상 불멸의 건축물인 포탈라(Potala) 궁전을 완성하였고 나아가 '법왕제法王制'라는 독특한 정치종교제도의 틀을 만들어 근대 티베트란 나라를 반석에 올려놓았다.

이런 위업을 이룩한 그였지만 문제는 1682년 그의 주군인 제5대 달라이 라마가 입적하였는데도 '폐관수행중閉關修行中'이라는 연막으로 가려놓고 자신이 섭정 노릇을 계속했다. 새로운 달라이 라마를 뽑아야 함에도 불구하고 무려 15년 동안이나 국정을 좌지우지하며 소위 국정 농단을 했다. 그동안 그는 입적한 전대 라마의 '뚤꾸', 즉 환생자還生者를 찾기 위해서 비밀리에 최측근 심복들을 밀파密派했다. 그리하여 마침내 머나먼 땅 '묀율', 즉 현재의 따왕 사원 근처에서 그 환생자를 찾아내고 극비리에 법왕으로서 교육시키도록 안배하였다.

그러나 제5대 달라이 라마의 사망설이 국내외로 퍼져나가 의구심이 증폭되자 마침내 1697년 15년 동안 숨겨 왔던 '위대한 나왕 갸초'의 입적을 발표하게 된다. 그리고 이미 준비해 두었던 달라이 라마의 육체를 탑장塔藏한 영탑靈塔*을 공개하는 극적인 상황을 연출하였다. 그리고 이어서 그간 숨겨서 훈련시켜 온 잠양 갸초를 대중 앞에 공개하고 제6대 달라이 라마의 즉위식을 성대하게 거행하면서 15년간의 상황에 대해 연착륙을 시도하였다.**

그런데 이때 희대의 천재라고 자타가 공인하던 상게 갸초도 당시 외교적 국제정세에 대해서는 촉이 무뎠던지 당시 떠오르는 신흥강국 청淸나라를 도외시하고 몽골계 준가르 부족과 손을 잡은 것이 비극의 첫 단추였다. 이에 화가 난 청나라는 호슈트(Khoshut)족의 라장칸(Lhatsang Khan, 拉藏汗)과 동맹을 맺고 티베트 내정에 간섭하기 시작하여 1705년 라장칸으로 하여금 라싸를 침공하여 상게 갸초를 제거하기에 이르렀다.

그리고 이어서 칼날을 상게 갸초의 작품(?)인 잠양 갸초에게 겨누어 그간의 법왕으로서의 행실과 비구로서의 파계 행위를 구실

◇◇◇◇◇◇◇

*   달라이 라마, 빤첸 라마 같은 초고위 고승들이 입적하면 '미라'로 만들어 영탑靈塔 속에 넣어 예배의 대상으로 삼는 전통이 있기에 라싸 포탈라 궁전에는 이런 역대 달라이 라마의 황금 영탑이 보존되어 있으나 단지 제6대 달라이 라마의 것만 없다.

**   상게 갸초는 원래 1688년 잠양 갸초를 발견하고 따왕 사원 근처 쪼나(Tsona) 지역에 격리 수용하고 교육을 받게 하다가 후에 제5대 달라이 라마의 입적을 공식 발표하면서 제6대 달라이 라마의 법좌에 오르게 안배하였다.

로 폐위시켰다. 그가 법좌法座에 오른 지 10년 되는 해였다. 그리고 폐위된 잠양 갸초를 압송하여 베이징으로 유배를 보냈으나 일행이 청해호반에 이르렀을 때 잠양 갸초는 열병에 걸려 사망하였다.*

이렇게 비극적으로 생을 마감한 잠양 갸초의 애잔한 일생은 여러 가지 생각을 하게 만든다. 일반적으로 역대 달라이 라마들은 대부분 대략 5세 전후에 '뚤꾸'로 선정되어 당대 최고의 학승들에게 둘러싸여 특수교육을 받았다. 반면에 잠양 갸초의 경우는 두메산골에서 14세라는 늦은 나이까지 갇혀 있다시피 했다. 그러다가 어느 날 갑자기 라싸로 보내져 법좌에 등극했기 때문에 포탈라 궁전에서의 생활을 견디지 못했을 것으로 보인다.

전해 오는 이야기로는 그는 몇 번이나 자살 위협을 하면서 교육담당 스승인 제5대 빤첸라마 롭상 계셰(1663~1737)로부터 받은 비구계比丘戒를 반납하고 평민이 되려고 하였다. 그래서 술을 마시고 시를 짓고, 여인들과 염문을 뿌리고 다니는 등의 방탕한 생

---

* 일설에는 독살되었다고도 하며 또 다른 설에는 청해호 근처에서 탈출해 몸을 숨겨 살면서 여러 사원을 재건하면서 천수를 누렸다고도 한다. 하지만 그 어느 것이나 믿거나 말거나 한 야사일 뿐이다. 라장 칸에 의해 세워졌던 또 다른 제6대 달라이 라마 예셰 갸초는 티베트인들에 의해 축출되었기에 지금도 역대 달라이 라마 명단에서는 이름을 찾아볼 수가 없다.

활을 하였다고 한다. 그렇게 비록 비구계는 반납했지만 달라이 라마로서의 역할은 계속하면서 때로는 변복을 하고 자유롭게 돌아다니기를 좋아했다고 한다. 이른바 무애행無碍行의 길을 택한 것이었다. 그러나 유일한 우군인 상게 갸초가 살해되고 궁정 내부의 분위기가 변하자 그도 늦게나마 제정신을 차렸다. 하지만 이미 상황은 걷잡을 수 없게 돌아가 티베트의 실권을 쥔 라장칸은 예세 갸초라는 소년을 또 다른 제6대 달라이 라마로 옹립하면서 잠양 갸초를 폐위시키고 귀향 보내는 절차를 밟게 된다.

현대의 인드라망網에서 다시 환생한 잠양 갸초

비록 못다 핀 잠양 갸초의 삶이었을지라도 10년간의 그의 재위 시절의 일화는 지금도 입에서 입으로 전설처럼 전해 내려오면서 민초들의 사랑을 받고 있다. 또한 그가 남긴 작품들도 현대에 이르러 세계적으로 주목을 받고 있다.

그의 시는 약 66수 정도가 전해지는데, 수행승으로서의 게송偈頌보다는 서정시抒情詩로 분류되는 것들이 많은 비중을 차지하고 있다. 여기서 그중 한두 수 정도만 소개해 보기로 하자. 몸은 비록 한 나라에서 존경받는 지존의 몸이었지만 아름다운 여인에 대한 그리움을 주체할 수 없었다. 옷을 갈아입고 남몰래 찾아갔던 카페 '마케아메'에서 지은 것으로 보이는 시로 가장 널리 알려진 시구절이다.

> 높고 높은 동쪽 산머리에 밝은 달처럼
> 휘영청 떠오르는 아름다운 모습.
> 매혹적인 마케아메의 웃는 얼굴
> 내 마음속에 아련히 떠오르는구나.

실제로 이 여인의 이름을 딴, '마케아메'라는 카페는 필자가 수시로 드나들면서 나그네의 객수를 달래고 했던 곳이라고 위에서 이미 밝힌 바 있다.

> 사랑스런 님을 따르려니
> 깨달음의 길 걷기 힘들고
> 깊은 산 속에서 수행하려니
> 님 그리는 한 조각 마음이 걸리는구나.
> 지성을 다해 떠올리는 붓다 얼굴은
> 마음속에 보이지 않는데
> 생각지 않으려는 님의 얼굴은
> 더욱 또렷이 떠오르는구나.

또 한 수는 그가 준가르 군에게 끌려가던 중 청해호 근방에서 입적하기 직전에 지은 마지막 절명시絶命詩로 다음과 같다.

> 하얀 두루미야! 나에게 너의 날개를 빌려주려무나.
> 그다지 멀리 갈 생각이 없고,
> 그냥 리탕까지 한 바퀴 돌고 올 테니…

정말 그가 노래한 것처럼 그의 영혼은 티베트의 동부 캄(Kham) 지방의 리탕(Lithang)에서 다시 환생하여 제7대 달라이 라마 겔장 갸초(Kelzang Gyatso)의 신분으로 포탈라 궁전의 자기 법좌로 돌아왔다고 한다.

—— 잠양 갸초의 앨범 〈That day〉.

3부

티베트 불교의 지혜와 숨결

티베트 불교의 환생제도
- 출푸라캉과 까르마-까규를 중심으로 -

티베트 불교를 이야기할 때 흔히 '린뽀체(Rinpoche)', 즉 '뚤꾸'란 용어를 자주 만나게 된다. 그리고 이야기는 달라이 라마의 환생으로 이어지게 마련이다. 그러나 사실 이 환생제도는 달라이 라마 이전에 까르마-까규(Karma-Kagyu) 분파가 처음 정립한 것이다. 이를 겔룩빠가 모방 패러디하여 지금처럼 티베트 불교를 상징하는 용어로 고착시켜 버렸다.

환생제도還生制度(Tulku)의 정착

시킴 갱톡의 룸텍 사원에서 환생이란 '인연의 실'이 이어지는 본토의 출푸라캉(Tsurphu Lhakhang)이 '뚤꾸'의 진정한 산실이고, 그 주인공은 '두슘 켄빠(Düsum Khyenpa, 1110~1193)'라는 까규빠의 수행승이다. 그는 출가하여 오랫동안 까규빠의 딴뜨릭 수행을 하였

── 제1대 까르마빠 두슘 켄빠 소상 (출푸 사원 소장).

고, 44세에 고향으로 돌아와 수행처를 설립하고 후진들을 가르쳤는데, 그곳이 바로 지금의 출푸라캉이다. 1180년 그가 열반하여 다비식을 거행할 때 심장이 불에 타지 않는 이적이 일어났다고 한다. 후일 제1대 까르마빠 걀와 린뽀체(Gyalwa Karmapa)로 추존推尊된 바로 그 인물이다.

그는 열반에 즈음하여 자신의 환생을 예언하였는데, 과연 그가 안배한 대로 신비스러운 증거를 따라 그의 영혼을 가진 전생자轉生者가 발견되었다. '살아 있는 붓다(Living Buddha)'*의 시작이었다. 티베트 불교에서는 붓다와 동등한 십지十地의 경지에 도달

---

* 독일의 클레멘스 감독의 〈Living Buddha〉의 다큐 영화로 테마송 'Sacred Buddha(CD, 1996), Fet Sina Bodjani'와 함께 폭넓게 알려졌다.

한 보살은 자유로이 화신전생化身轉生 할 수 있다고 한다. 이미 깨달은 일체지자一切知者이기 때문에 미혹의 세계에 구애되는 일이 없이 중생들의 행복과 해탈을 돕기 위하여 윤회계에서 전생을 거듭한다는 것이다.

그런 환생론에 의해 까르마빠의 고승들은 전임 법주法主가 몸을 바꿔 다시 태어난다고 확신하기에 그가 열반하여 바르도(Bardo) 기간 중에 수태되었다고 여겨지는 신생아를 대상으로 전생자轉生者를 찾아다닌다. 이때 동원되는 방법으로는 신통력 있는 신탁승神託僧인 네충 사제의 신탁과 해몽, 전임자의 생전의 언동, 후생자의 언행이나 전생자의 소유물을 감별하는 능력 등을 종합하여 전생자를 선출한다. 그들이 바로 '뚤꾸'**이다. 이렇게 일단 뽑힌 복수의 대상자는 전대의 법주를 모신 적이 있는 학덕이 뛰어난 고승들로부터 특수교육을 받고 나서 때가 되면 그중 한 명을 낙점하여 법주로 추대한다.

이렇게 비밀스러운 밀교의 전통대로 전생과 후생, 스승과 제

** '뚤꾸'에 대한 경전의 기록으로 『사마디라자 수트라(삼매왕경)』에 전하는 바에 의하면, "홍안의 나라에 가르침이 내릴 것이니/관세음보살을 따르리라/사자의 포효보살/까르마빠로 나타난다/그는 선정으로 이들을 다스릴 테니/그를 보고 듣고 만지고 기억하는 자는 환희에 이를 것이다."라고 한다. 또한 『랑카 수트라(능가경)』에는 "승복을 입고 검은 왕관을 쓴/그는 모든 중생들을 끊임없이 이롭게 하리니/일 천 부처의 가르침이 지속되는 한 이러지리라."라고 되어 있다.

자 사이의 전승제도는 면면히 이어져 내려와 현재 제17대에 이르렀다. 그리하여 "한 영혼을 가지고 여러 생을 몸만 바꾸어 전생의 기억을 가지고 태어난다는 것이 과연 가능한가?"에 대한 논란은 시작되었다.

까르마-까규 분파의 총본산 출푸(Tsurphu) 사원

까르마 분파의 총본산은 티베트 라싸에서 70km 정도 떨어진 곳에 자리 잡은 출푸라캉으로 제1대 까르마빠가 터를 닦은 도량이다. 제2대에 이르러 원나라 황실의 후원으로 중건되었으나 1410년의 지진으로 파괴되었다가 명나라 성조成祖 때 지금의 상태로 복원되었다.

이 도량을 무대로 역대 까르마빠는 17대를 이어 현대까지 내려왔다. 하지만 1959년 붉은 중국이 티베트를 점령하고 라싸의 민중봉기가 일어난 격변기 때, 제16대 까르마빠 랑중 릭빼 도르제(1924~1981)는 달라이 라마 일행과 함께 다람살라를 경유하여 바로 시킴의 룸텍 사원에 도착하여 망명생활을 시작하였다.

룸텍 사원을 재건하고 이곳에 묻힌 제16대 까르마빠 랑중 릭빼 도르제는 동부 티베트 데게 지방 덴코크에서 태어났다. 그의 탄생과 환경은 제15대 까르마빠가 예언한 새로운 환생에 관한 유언

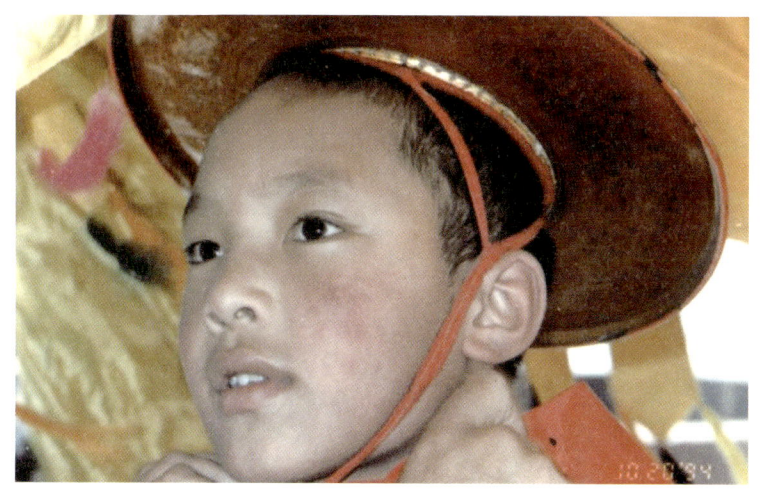
─── 제17대 까르마빠의 어린 시절(1992년도).

장과 딱 들어맞았다. 여덟 살에 출푸 사원에서 흑모와 까르마빠 법복을 승계받고 대관식을 치른 그는 1941년부터 1944년 사이에 많은 시간을 사원 확장에 힘썼다. 1954년 중국을 방문하고 돌아오는 길에 그는 시킴과 인도를 방문하였다. 그는 이 여행을 통해 시킴 국왕 초걀 따시 남걀과 가까운 사이가 되었고, 시킴 국왕은 그를 룸텍으로 초대하여 티베트의 중국화에 대한 대비책을 만들어 두었다고 한다.

그러나 까르마빠의 '시간의 수레바퀴'는 후일 또 한 번의 변곡점을 맞게 되는데, 이런 상황은 아직도 진행형이어서 그 어느 누구도 유불리有不利를 따질 수 없는 상황이다. 바로 제17대 까르마빠의 인도 망명을 말함이다.

그 배경은 이러하다. 제16대 법주가 해외포교에 주력하며 구미 제국에서 티베트 불교 신드롬을 일으키다가 1981년 시카고에서 열반하는 상황이 발생하였다. 이후 법주 자리가 비어 있는 상태로 오랜 기다림의 시간이 지나갔다. 이윽고 신탁으로 약속된 1992년이 되자 까르마빠의 4명의 섭정攝政들의 위탁을 받은 대표단은 길을 떠나 신비스러운 현상을 쫓아 동부 티베트에서 6세짜리 아이를 찾아내어 룸텍이 아닌 출푸라캉으로 데리고 왔다. 그리곤 여러 가지 초과학적 검증을 거친 후, 그 아이를 바로 제16대 까르마빠의 영혼을 가진 '뚤꾸'로 인정하고, 다음 해에 달라이 라마와 중국 당국의 인정 아래 티베트 불교의 총본산인 라싸의 조캉 사원에서 수계식을 하고 출푸 사원에서 제17대 법좌에 앉는

── 『까르마빠, 나를 생각하세요』의 표지.

── 제14대 달라이 라마 & 제17대 까르마빠.

진산식을 거행하였다.

그렇게 평온한 나날이 흘러갔고 소년은 특수교육을 받으면서 준수한 까르마빠로 성장하였다. 이때가 1997년인데, 이때 나는 라싸의 티베트대학에서 수학 중에 있었고, 그에 관한 다큐멘터리 리빙붓다(Living Buddha)를 보았기에 관심을 가지고 출푸라캉을 방문하여 그를 만나보았다. 그러나 당시만 해도 이어지는 후일담을 그 누가 예견할 수 있었으랴?

2000년 정초 내가 홍천강의 우거에서 졸저 『티베트 역사산책』의 탈고를 눈앞에 두고 꽁꽁 언 홍천강을 바라보며 새천년의 의미를 되새기고 있을 즈음, 반갑고도 놀라운 외신이 연이어 들어왔다. 바로 그가 몇 명의 측근만 거느린 채 한겨울의 히말라야를 넘어서 인도에 도착했다는 것이었다. 중국으로서는 체면이 말이 아니게 된 셈이었다. 중국은 그를 잘 키워서 달라이 라마를 견제하고자 하는 목적으로 공을 들였는데, 한 어린이에게 멋지게 뒤통수를 얻어맞은 셈이었기 때문이었다.

이에 중국은 그의 망명 저지를 위해 인도에 강력한 항의를 제기하는 한편, 겔룩빠 서열 3위의 비중 있는 자리로서 1997년 이후 공석 중이던 레팅 사원의 제7대 린뽀체 자리에 2살짜리 쏘남 푼꼭이란 아이를 성급하게 추대함으로써 이 사건에 대한 국내외의 이목을 희석시키려는 의도를 드러냈다.

그러나 결론적으로 보면 현재 제17대 법통을 이은 외겐 틴레 도르제(1985~)의 처지는 매우 어렵다. 명색으로는 티베트 불교 서열 3위라고는 하지만 변변한 거처도 없기 때문이다. 그의 본래 자리인 룸텍 사원으로도 갈 수도 없고 다람살라에서도 겔룩빠에 더부살이 처지이다. 또한 인도 거류권마저도 취소당할 위기에 처해 있어서 시쳇말로 '집도 절도 없는 신세'이기 때문이다. 그는 망명 2년 후에 난민 지위를 인정받았으나 20여 년이 지난 오늘날까지도 룸텍으로 돌아가지 못하고 있다. 그는 도미니카국 여권으로 현재 미국에 거주하고 있으나, 인도로 돌아갈 경우 생길 문제는 오리무중이다.

까르마 가드리 화파畫派

예능을 존중하는 티베트 불교에서는 미술 장르를 매우 중요하게 여긴다. 그 결과로 미술사적으로 독특한 양식을 창안해 내었다.

첫째, 각 종파별로 그들만의 전승체계를 종적縱的으로 그리는 양식을 만들어 내었다. 이런 유파類脈*의 탄생은 스승과 제자를 잇는 사자상승師資相承을 중요하게 여기는 밀교에 어울리는 양식

---

* 체우화파, 멘리화파, 켄리화파 그리고 까르마화파로 분류된다.

에서 비롯되었다.

여러 종파들이 모두 그러하지만 특히 까르마빠는 더욱 그러하여 걸출한 '라리빠', 즉 화승畵僧들이 여러 명 출현하였다. 나아가 역대 법주들까지 어릴 때부터 미술 수업을 수행의 연장으로 받아야 할 정도로 불화 그리기는 까르마빠에서는 중요한 덕목이었다.

다음으로는 이동이 편한 두루마리 족자형, 즉 탕카(Thangka)를 실용화하였다는 것도 중요한 대목이다. 물론 뒷배경을 돌아보면 이들의 생활이 밀교 전통대로 사원에서 거주하기보다는 천막을 치고 유랑하는 생활이었기에 한 종파의 린뽀체 법주가 머무는 대

—— 제10대 까르마빠 자신이 그린 초상화.

형천막 주위에는 천막촌이 형성되었을 것이다. 따라서 수시로 야단법석野壇法席이 열렸을 것이기에 당연히 불상이나 역대 조사상 같은 불화가 그려진 이동식 벽화인 탕카가 필요하였을 것이다.

이런 배경으로 까르마 가드리(Karma Gadri, 噶瑪噶智) 유파가 생겨나고 이어졌을 것이다. 까르마 가드리 화파 혹은 그냥 가드리 화파의 창시자는 16세기 말엽의 남카 따시(Namka Tashi) 린뽀체이다. 그는 어려서 이미 제8대 법주인 미구 도르제(1507~1554)의 화신으로 인정받을 정도의 총명함과 화가로서의 재능이 있었다. 그가 입적할 당시 그는 다음 생에는 화승으로 태어날 것이라고 예언을 하였다고 한다.

이어서 바통을 받은 제10대 초잉 도르제(1604~1674)는 이 화파가 배출한 가장 걸출한 예술가로 어려서 재능과 총명함을 인정받아 출푸 사원에서 후계자로서 그림과 자수 등의 미술교육을 받았다. 그는 후에 넓은 세상(중국, 네팔, 인도, 이슬람)의 미술을 섭렵하며 자신의 심미안을 넓히고 출푸 사원으로 돌아와서는 다양한 장르의 작품을 남겼다. 전체 23폭으로 된 〈에르빠존자〉 탕카는 현존하는 것 중에서 가장 오래되고 우수한 것으로 평가받는다. 또한 백단향목이나 상아로 조각한 〈나로빠상〉, 〈밀라래빠상〉 같은 목조상은 현재 인도 룸텍 사원에 보존되어 있는데, 역시 걸작으로 꼽히는 작품으로 알려져 있다. 이렇게 가드리 화풍은 면면히 전해 내

―― 현재 사진만 덩그러니 놓여 있는 룸텍 사원 법좌석法座席.

려와 근래 SNS를 통하여 제17대 외겐 틴레 도르제의 작품을 접할 수 있듯이 현재까지 이어지고 있음을 알 수 있다.

까르마-까규빠의 상징 검은 모자

역대 전승되어 내려온 법주들만 쓸 수 있는 검은 모자는 까르마빠의 상징이다. 전해 오는 설에 의하며, 초대 두슘 켄빠가 꿈요가(Milam Yoga) 수행을 통해 깨달음을 얻었을 때 수호여신들인 다키니들이 머리카락을 한 올씩 뽑아 왕관을 만들어 린뽀체에게 씌워주었다고 한다. 이것이 이후 까르마빠에게 '흑모파黑帽派'라는 별칭을 안겨준 검은 모자다. 이 모자는 까르마빠의 머리 위를 날아다닌다고도 하고 천상에서 왔기 때문에 언젠가는 천상으로 돌아가 사라질 우려 때문에 일반에 공개하지 않는다고도 한다.

한 걸음 더 가까이 ②

기원의 오색깃발
다르촉과 룽따

티베트 사람들의 기원이 담겨 있는 깃발을 뜻하는 '다르촉(Darchog, Flag, 經幡)'은 티베트를 상징하는 가장 대표적인 것 중의 하나이다. 높고 드넓은 티베트 고원에서는 말할 것도 없고 티베트 민족들의 발길이 지나가는 지구촌 곳곳마다 예외 없이 엄청난 숫자의 오색 깃발들이 휘날리고 있을 것이다. 그러니까 현재 이 오색 깃발은 티베트 불교의 약진에 비례하여 이미 세계적인 불교 문화의 중요한 코드로 자리 잡은 것이다.

티베트의 상징이 된 '다르촉'

이런 현상은 불교의 고향 인도의 현실을 보면 쉽게 이해된다. 전 세계의 불교도들이 벼르고 별러서 인도에 가서 이른바 불교 성지라는 곳들을 가보면, 유서 깊은 유적들이나 불교적인 상징물

성산 카일라스 꼬라 시작점인 다르포체의 수많은 다르촉들.

보다 성지들을 뒤덮고 있는 수많은 오색 깃발들을 먼저 볼 수밖에 없다. 그만큼 불교가 사라진 고향 인도에서 티베트 불교는 불교의 맹주 노릇을 하고 있고, 따라서 다르촉의 휘날림은 그런 아이러니한 현상을 대변하고 있는 것이다.

사실 순례자들이 설역고원 티베트에 입성했을 때 제일 먼저 만나게 되는 다르촉의 인상은 매우 강렬하다. 그렇기에 이 다르촉은 티베트를 다녀간 여행자들에게 가장 인상적인 것으로 가슴속에 남는다. 산소가 희박하여 야성이 살아 있는 강렬한 햇빛 속에서 난반사되면서 펄럭이는 깃발의 잔영은 가시광선으로 변하여 순례자들의 눈을 찌르고 들어와 편두통을 일으키며 또한 깃발의 펄럭임 소리 또한 상황을 어렵게 만들어 그렇지 않아도 산소 부족으로 잠을 설치게 마련인 잠자리까지 따라 들어와 마치 거대한 새의 날갯짓 같은 환청으로 이어져 밤새 나그네를 괴롭힌다.

"파르르 파르륵~ 푸더더 더더더더 푸더덕~ 파팍 파파파 파파팍~"

거기에 고산증까지 심해지면 말발굽 소리에 더하여 말 울부짖는 소리까지 들릴 것이다. 물론 이쯤 되면 가까운 병원에 가서 산소통 신세를 지든지 아니면 되도록 빨리 고도가 낮은 곳으로 내려가야 한다.

바람의 길목에서 휘날리는 '룽따'

'룽따(Lungta, Wind Horse, 風馬旗)'란 다르촉과 같이 오색 깃발을 가리키지만, 뜻은 '바람의 말'이란 의미를 가지고 있다. 아무튼 이 이름이야 어찌 부르든지 이 오색 깃발들은 주로 마을 입구, 고갯마루, 나루터, 다리목, 굴뚝, 지붕 꼭대기, 대문 같은 곳과 거대한 고목나무와 바위 같은 신령스러운 곳에 매달려 있다. 말하자면 이런 곳들은 바람의 길목들이며 또한 어떤 상반되는 두 세계의 경계지점들로서 하늘과 땅, 신계와 속계, 어둠과 밝음 같은 곳들이기도 하다.

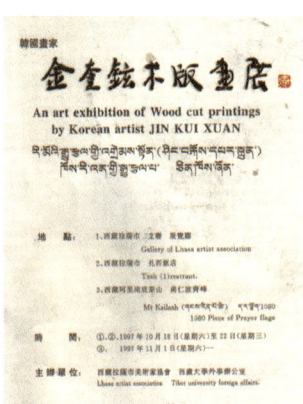

—— 1997년 라싸 티베트대학에서 1,080장의 다르촉을 만들어 전시회장을 비롯해 카일라스산에 거는 이벤트적 행위예술을 할 때의 카다로그 표지.

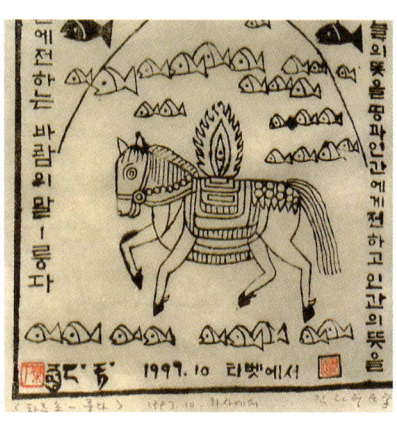

—— 직접 제작한 다르촉용 목판본. 가운데는 룽따 문양을, 사방에는 방위를 맡은 수호동물을, 그리고 가운데는 불경 구절을 새겨 넣는 절충식이다. 기원문에는 "하늘의 뜻을 땅과 인간에게 전하고 인간의 뜻을 하늘에 전하는 '바람의 말' 룽따"라고 적었다.

이런 두 세계를 자유롭게 드나들 수 있는 것이 '바람'이다. 그래서 옛적부터 중생계의 사람들은 오색천에 각자의 소원을 적어 이 바람과 영혼이 드나드는 길목에 걸어 놓았었다. 그러면 바람이 달려와 그 사연들을 싣고서 반대편 세계로 달려가 그 소원을 전달하고 그 대답을 싣고는 다시 반대편으로 달려와 전달한다. 말하자면 '바람의 전령사'인 것이다.

바로 바람의 말, '룽따'의 유래이다. 이와 같이 샤먼적인 유래에서 비롯되어 티베트 원시종교 뵌뽀교화 또다시 티베트 불교화되면서 깃발의 내용도 불교적으로 대체되어 경전 구절이 쓰이게 되었다. 그러므로 요즘의 다르촉은 뵌뽀적이기보다는 불교적 내용이 대부분을 차지한다. 그중 가장 대표적인 것이 "옴 마니 반메 훔" 같은 만트라이다.

'다르촉' 또는 '룽따'라는 단어는 사실 국내에서 그동안 여러 가지 발음과 의미로 혼용되어 사용되었었다. 지난 몇 세기 동안, 신비의 대명사였던 티베트 본토의 문이 우리에게 열린 지 어언 30년이 되었고 이제 '티베트학'도 어느 정도 초보 단계를 벗어났지만 아직도 몇 개 중요한 용어들은 혼용되고 있다. 다르초, 다루초, 다루초크, 탈촉, 따르촉, 따루초, 룽타, 룽다 등등으로 혼재되어 사용되고 있는데, 앞으로는 다르촉 또는 룽따로 통일해서 사용하길 제안한다.

—— 카일라스의 최대 난코스인 될마라(5,620m)에서 다르촉을 거는 작업 중인 필자.

3부_ 티베트 불교의 지혜와 숨결

다르촉은 룽따보다 상위개념이다. 모든 깃발을 '다르촉'으로 부를 수는 있지만, 룽따에는 '바람의 말' 문양이 들어가 있어야 한다. 그리고 줄로 이어서 가로로 걸든 장대에 꿰어 세로로 걸든 세우는 방식과는 상관이 없다는 점도 이참에 정리해 둔다. 또한 불교 쪽의 다르촉과 뵌뽀 쪽의 룽따의 문양이 섞여 있는 경우에는 비중이 큰 쪽으로 부르는 것도 한 방법일 것이라 본다.

신계와 속계의 구분

다르촉이 언제부터 설역고원에서 사용되었는지는 그리 명확하지 않지만 아마도 아주 먼 옛날에 인간계와 천계를 이어주었던 샤먼들이 그냥 색깔 있는 천을 신계神界와 속계俗界를 구분하기 위해서 표식기 용도로 사용하기 시작한 것에서 비롯되었다. 우리 성황당 같은 곳에서 사용하던 '물색'이란 오색천과 그 궤적을 같이 해 왔다고 보인다. 그러다가 후에 점차로 샤먼들이 종교화되면서 그 오색천은 중요한 장엄물의 하나로 자리 잡게 되었고 그러면서 점차로 그 의미와 형식이 구체화되면서 지금과 같은 색깔과 문양으로 굳어져 버렸을 것이다.

앞에서 이미 내린 결론처럼, 넓은 의미의 깃발, 즉 다르촉 중에서 가장 의미 있고 또한 대표적인 문양은 '룽따'이다. 바로 여기서

—— 라싸 전시장에 걸린 다르촉 아래서(1997년).

—— 직접 제작한 다르촉용 목판도 〈마나스꼬라도〉.

—— 직접 제작한 다르촉용 목판도 〈카일라스꼬라도〉.

—— 사천성과 티베트 경계인 참새산(5,050m)의 다르촉.

3부_ 티베트 불교의 지혜와 숨결

── 〈KBS다큐 차마고도〉 메리설산의 다르촉. 손수 제작하여 건 한글 버젼 오색깃발이 설역고원 곳곳에 휘날리면서 지나가는 행인과 영혼의 길잡이가 될 수 있다면 이 또한 의미 있는 일이 아니겠는가?

── 〈KBS다큐 당번고도〉 황하 발원지 기념비의 다르촉.

나는 '바람의 말(Wind Horse)'이라고 번역해서 부르는 것이다. 바람 많은 고원에서 사는 티베트인들은 바람을 신[Lha]의 뜻을 전하는 전령이라고 생각했다. 그래서 바람을 상징화하여 말로 표현하였을 것이다. 우리 동양권 용어로 말하자면 무마巫馬이다.

내가 오랫동안 목판으로 작업해 온 다르촉은 일종의 현대미술의 이벤트적 행위예술이라고 할 수 있다. 주로 신간 출간기념회라든가 또는 설역고원에 갈 때마다 의미를 부여한 문양이나 글귀를 넣은 깃발을 108장 배수로 만들어서 바람이 잘 부는 곳마다 걸었다. 그러면 바람이 불어와 천계로 내 뜻을 날라다 주었다. 물론 매번 그 내용은 달라졌지만 이 오색 깃발 다르촉이나 룽따의 근본 취지를 살리려고 애쓰고 있다.

이제 한 장의 룽따 문양을 보면서 그 의미를 되새겨본다. 중앙에 온갖 치장을 한 말이 있다. 그 말안장에는 불꽃이 실려 있는데, 이는 빛과 영혼을 의미한다. 사실 말은 근대문명이 달리는 기계를 만들어내기 전까지, 수천 년 동안 가장 빠른 교통수단이었다. 그래서 말이 선택된 것이고 다시 그 안장 위에 영혼의 불꽃을 실었다. 또한 천계로 가기 위해서는 하늘을 날아야 하기에 그냥 말로써는 곤란하기에 날개 달린 천마가 필요하였다. 이 빠른 말도 부족하여 바람을 가세시켰다. 주마가편走馬加鞭이다. 당연히 그 이유는 더 빨리 더 효과적으로 신과 영적인 교류를 하고 싶기 때문이었다.

한 걸음 더 가까이 ③

밀라래빠의 나로육법

수행불교의 대표적인 이미지 중의 하나는 '설산수도상雪山修道像'이다. 그리고 특히 '티베트 불교' 하면, 눈 쌓인 설산의 동굴에서 깊은 선정禪定에 들어 있는 수도자상의 이미지를 먼저 떠올리게 된다.

'까규빠', 수행 종파의 태동

고행승의 아이콘으로 알려진 밀라래빠의 스승 마르빠(Marpa Lotsāwa, 1012~1097)는 세 차례나 인도를 오가며 나로빠(Naropa)와 마이뜨리빠(M. Maitripa) 같은 위대한 스승들을 사사師事하면서 당시 인도 대륙에 선풍적인 인기몰이를 하고 있던 새로운 사상인 '딴뜨릭 요가(Tantric Yoga)'에 심취하였다. 그리고는 그 텍스트를 티베트어로 번역하는 한편 그의 구도 경험을 바탕으로 티베트 풍토에 맞는 수행체계를 새롭게 확립하였다. 그리고는 제자 밀라래빠

── 까규빠의 '3대 존자'인 마르빠 (Marpa, 중앙), 밀라래빠(Milarepa, 왼쪽), 감뽀빠(Gampopa, 오른쪽)의 탕카(왼쪽 위).

── 까규빠의 이론과 전승체계를 확립한 감뽀빠 존자(오른쪽 위).

── 뚬모수행 삼매경에 들어 있는 딴트릭 요기의 탕카(왼쪽 아래).

에게 이것들을 전수하였다. 이 법맥은 다시 걸출한 제자 감뽀빠에게 이어져 '까규빠'라는 '메이져급'의 종파를 탄생시켰다. 그래서 이들 세 사람을 '까규빠의 3대 조사'라 부른다.

그럼 이렇게 '까규빠'라는 묵직한 종교의 실질적인 틀을 확립한 감뽀빠(Gampopa Sonam Rinchen, 1079~1153)는 어떤 삶의 궤적을 그렸을까? 그는 젊어서는 의학을 공부하고 결혼하여 두 명의 아이를 얻었으나 그들이 모두 요절하자 무상함을 뼈저리게 느끼게 되었다. 그리하여 25세 때 까담빠(Kadampa)로 출가하였지만, 뭔가 부족함을 느끼고 30세에 다시 밀라래빠의 제자로 입문하여 스승이 성취한 양대 계열의 수행법인 '나로육법'과 '마하무드라'를 전수받았다. 그리고는 마침내 그가 젊었을 때 몸담았던 '까담빠'의 종지宗旨와 새로 터득한 딴트라 수행법을 융합融合하여 새로운 종풍을 세웠다. 그러니까 티베트 불교사상 기존의 '닝마빠'와 '싸캬빠'에 이은 3번째 종파가 태동하게 된 것이다. 그는 까규빠를 만들기 이전에 닥뽀빠(Dagpo Kagyu)를 설립하고 최초의 람림 텍스트인 『Jewel Ornament of Liberation』을 저술하여 후일 겔룩빠 설립의 토대를 마련하였다.

여기서 '까규'는 '구전口傳'을 의미하기에, 말 그대로 그들은 스승과 제자의 대를 잇는 '사자상승師資相承'의 전통과 스승에 대한 헌신을 중요한 덕목으로 삼았다. 말하자면 종단적 결속력보다는 스승과 제자로 이어지는 전승을 중요시하였다. 이후 이 종파는 설역고원에서 상당한 교세로 뻗어 나가다가 다시 '쌍빠'와 '닥뽀'로 분파되었고, 또다시 '4개 지파'와 '8개 군소지파'로 갈라져 오늘날에 이르렀지만 현재까지도 티베트 불교에서 묵직한 존재감을 과시하고 있다. 특히 그중 시킴(Sikkim)의 룸텍 사원을 근거지로 하는 '까르마-까규'와 부탄 왕국의 국교로 자리 잡은 '둑빠-까규' 등의 교세는 지금도 겔룩빠를 넘볼 정도이다.

나로육법(Six Yogas of Naropa)

나로육법은 티베트 마니아들에게는 제법 익숙한 수행법이지만 일반 불자들에게 티베트 불교의 진수에 해당하는 이 심오한 과정을 몇 마디 말로 설명하기는 어렵다. 그렇다고 처음부터 포기하기에는 너무나 아쉽다. 그렇기에 코끼리 다리 만져보는 식의 '방편론'에 의지하는 수밖에….

우선 '나로최둑(Naro chos drug, Naro六法)'의 정의를 내리자면 이렇다. 여섯 단계로 구성되어 있기에 속칭 '나로빠의 육법'이라고 부르는데, 인도의 전설적인 딴트라 요기이며 대학자인 나로빠(Naropa, 1016~1100)가 정립한 수행법이다.

그 '여섯 가지'는 '생명열生命熱(Tummo)', '환신幻身', '몽환夢幻', '중

—— 딴트릭 요기들의 눈밭 속에서의 뚬모수행.

음中陰(Bardo)', '정광명淨光明', '의식전이儀式轉移(Powa)'로 나누어진다. 그러나 여기서 이 '여섯 가지 수행법'을 모두 개괄하기에는 내용과 분량 면에서 벅차기에 간략한 개요와 그 기초단계인 '뚬모'에 대해서만 살펴보고자 한다.

'뚬모'란 간단히 정의하면 우리 몸 안에서 열을 일으켜 몸을 덥히는 방법이다. 딴트릭 전문용어로 다시 요약하면, 자연계의 무한한 프라나(Prana, 氣)를 인체로 끌어들여 에너지 통로[Nadi, 經絡]를 통해 7개의 차크라(Chakra)*로 순환시키며 회음부(muladhara,

---

* 인체의 프라나를 7개의 차크라 즉 ①백회→ ②미간 → ③목 → ④심장 → ⑤배꼽 → ⑥단전 → ⑦회음를 통해 회전시키며 '틱레'를 각성시키는 깨달음을 터득하는 수행법이다.

Chakra)에는 잠자고 있는 신비한 에너지(Kundalini)를 깨워 그것을 열에너지로 바꾸어 그 열을 에너지 통로로 흐르게 하여 몸을 덥히는 수행법이다.**

마하무드라(Mahamudra, 大手印)

'마하무드라'는 인도의 전설적인 요기 틸로빠(Tilopa, 988~1069)가 힌두의 고대 아띠요가(Ati-yoga)를 기반으로 하여 새롭게 정리한 요가로서 제자인 마이뜨리빠(Maitripa)에게 전수하였다. 이것을 마르빠가 티베트로 가져와 다시 밀라래빠에게 전하면서 '족첸뽀(Dzog chen po, 大成就), 줄여서 '족첸'이라는 이름으로 설역고원에서 만개하였다. 한편, 나로빠(Naropa, 1016~1100)는 또 다른 경로로 닐로빠에게서 '나로육법'을 전수받아 역시 티베트 제자 마르빠에게 전수해 주었다.

이렇게 계통이 다른 두 가지 딴트라 수행법은 '같이' 또는 '따로' '티베트화'되면서 마르빠-밀라래빠-감뽀빠를 거쳐 다시 까규빠

** 뚬모수행의 목적은 온몸을 덥히고 깨우게 하는 것이지만, 궁극적으로는 '틱레(Thigle, 明点, 菩提)'를 깨워 "공성과 지복이 합일된 지혜"를 얻어서 '마하무드라'의 경지를 성취하는 것이다.

—— 까규빠의 뚬모수행 점검('래빠'의 자격심사).

이외에도 닝마빠와 겔룩빠*에게로 영향을 끼쳐 티베트 불교의 양대 수행법으로 굳어졌다.

그러니까 요가사적(瑜伽史的)' 분류로는 '나로최둑'과 '족첸'의 뿌리는 힌두적인 '무상요가(Anudara Tantra Yoga)' 계열에 근원을 두었지만, 대설산을 넘어와 티베트 불교의 중요한 수행법으로 자리를 잡게 되었다는 말이다.

―― 오쇼 라즈니쉬 강의, 석지현, 홍신자 한역본, 『마하무드라의 노래』, 1988년 발행된 한글 번역본 표지.

한 가지를 더 부언하자면 힌두 요가는 티베트 불교의 판테온으로 들어와서는 '3밀三密(身, 口, 意)' 수행을 중요시하게 되었는데, 이는 딴트라 요가에서 티베트 불교적으로 전환되는 시대적인 중요한 변화로써 몸으로는 차크라 수행을 하고, 입으로는 '만트라'를 염하고, 마음으로는 스스로가 법신임을 각성한다는 이론으로 정형화되었다. 그러므로 '나로육법'은 화신化身과 보신報身의 단계이고 '마하무드라'는 법신法身의 경지로 해석된다. 이런 현상은 중국, 한반도, 일본으로 이어지는 한역화된 '밀교密敎'에서 더욱 두드러진 변화였다.

---

* 겔룩빠의 종조인 쫑카빠(Tsongkhapa, 1357~1419)가 지은 『나로빠육법의 수행요람』은 이 방면의 중요한 텍스트로 이용되고 있다.

저자
약력

다정茶汀 김규현

 김규현 선생은 티베트 불교문화와 역사에 깊은 애정을 가지고 30여 년 넘게 다양한 저술과 연구 활동을 통해 티베트와 한국 문화의 연결고리를 탐구해 온 우리나라 '티베트학의 선두주자' 중 한 사람이다.
 남들처럼 공부하고 성균관대학교 화공학과에 진학하였으나 무언가에 의해 강요되어 가는 듯한 앞날에 대한 번민으로 날밤을 지새우는 날들이 많아졌다. 방황을 거듭하다가 어느 날 내설악 백담산장에 머물게 되었는데, 계곡 건너편 백담사에서 들려오는 새벽 염불소리에 영혼이 세차게 흔들리는 것을 느꼈다.
 그리하여 학교를 자퇴하고 해인사로 출가하여 해인강원에서 공부하는 학승이 되었으나 강원혁신운동을 주도한 괘씸죄에 걸려서 만행길에 오르게 되었다. 진주 다솔사에서 효당스님에게 다도茶道를 배우고, 광주 무등산의 의재선생에게 사군자의 운필법을 어깨너머로 배웠다.
 만행을 마칠 무렵, 6개월간 병원 신세를 지고 부모님의 간곡한 권유로 승려 생활을 접고 인사동에서 화실을 운영하며 죽림다회竹林茶會를 만들어 다도를 보급하기도 했다. 1979년 제자들과 홍천강변으로 그림 스케치를 하러 갔다가 강에 매료되어 다음 해 인사동 생활을 접고 홍천강으로 내려가 집을 짓고 수리재水里齋라는 현판을 달았다. 흙벽돌에 물고기 1,080마리를 찍어서 이층 초가집을 완성하고 친지들을 불러들여 축하파티를 열었다.

그러나 1984년 9월 1일, 홍천강 범람으로 집과 물고기 벽돌이 다 떠내려갔다. 당시 북에서 보내온 수해 후원물자로 집을 다시 원상복구하고는 다시 만행길에 올라 1년여간 흑산도, 제주도, 울릉도, 독도 같은 전국의 섬을 떠돌았다. 2차 만행길에서 여러 번 목숨을 위협하는 사고를 만나기도 했으나 오히려 그 결과 삶의 의욕을 되찾는 계기가 되었다. 그는 육지로 들어가면 처음 만날 여인과 결혼이라는 것을 해보리라 마음을 먹었는데, 마침 중앙일보 신춘문예 소설 부문 당선자로 르뽀기자를 하던 이승실 씨를 취재차 만났고, 어떤 인연의 연결고리에 의해 함께 수리재로 돌아와 집마당에서 결혼식을 하고 이듬해 외아들을 얻고 생활인으로 정착하였다.

그러다가 중국과 수교가 되던 첫해인 1993년, 다도협회가 주도한 중국 강남차유적지 방문단의 일원으로 중국에 갔다가 무엇에 홀린 듯 계획도 없이 꿈에 그리던 티베트에 첫발을 내디뎠다. 그 여행담을 〈양자강 1만 2천 리 고문학 기행〉이란 특집으로 강원도민일보에 6개월간 연재를 하였다.

그리고 이듬해 아내의 허락을 받고 베이징 중앙미술대학으로 유학을 가서 2년간 목판화를 전공했다. 마침 기숙사 옆방에 연수차 와 있던 티베트 교수에게 티베트어를 배우면서 그의 도움으로 1995년 라싸에 있는 티베트대학으로 자리를 옮겼다. 그리고는 탕카를 연구하면서 방학 때는 외국인은 접근조차 하기 어려운 오지의 불교유적지 순례를 하였는데, 이때 카일라스 순례도 2번 하고, 1997년에는 〈카일라스와 다르촉〉을 주제로 하는 목판화전시회를 개최하였다.

이를 계기로 늘 가슴에 품어 온 '쌍어문雙魚文' 화두를 들고 틈나는 대로, 발길 가는 대로 티베트와 실크로드를 답사하며 사진을 찍고 기록하였다. 집에 돌아오면 뜻 맞는 지인들을 불러들여 티베트 불교문화와 역사를 향유했다. 1997년에 수리재에 한국티베트문화연구소(https://cafe.daum.net/tibetsociety) 현판을 걸고 저술 활동에 몰두하면서 주경야독晝耕夜讀 생활을 이어갔다.

그러나 2015년 어느 날, 지병이 악화되어 중환자실을 전전하던 아내 이승실 여사가 문득 "나 떠나면 네팔에 가서 아이들에게 미술을 가르치는 것이 어떻겠는냐?"라는 말을 남기고 먼길을 떠났다. 그는 아내의 유언(?)대로 수리재를 정리하고 3차 만행길에 올랐다. 늘 안나푸르나 설산이 보이는 티베트 난민촌 학교로 가서 자원봉사를 하기 시작했다.

교육과정에 미술과 음악이 포함되어 있지 않은 네팔의 교육환경을 안타깝게 여기던 그는 가난 속에서도 희망을 잃지 않은 아이들의 삶을 돌보면서 특별히 그림에 재주가 있는 아이들을 선발하여 '꿈의 그림반(ADDT)'을 조직하였고, 아이들이 그린 그림을 들고 국내외에서 전시회를 열기도 했다. 그렇게 '히말라야의 좋은 미술교사'가 된 지 어언 10년이 되었다. 또한 틈틈이 히말라야 인근의 티베트 불교 지역을 순례하면서 월간 『고경』에 〈설산 너머 티베트 불교〉를 연재하고 있다. 그리하여 이제 그것들을 단행본으로 묶어 설레는 마음으로 강호에 상재上梓하게 되었다.

그리고 그는 이생의 마지막이 될지도 모르는, 필생의 화두였던 영혼의 산 카일라스(Kailas, 수미산須彌山) 꼬라(Kora)에 오를 발걸음을 이미 내디뎠다.

주요 저서로는 『티베트의 신비와 명상』(도피안사, 2000), 『티베트 역사산책』(정신세계사, 2003), 『티베트 문화산책』(정신세계사, 2004), 『혜초 따라 5만리 상·하』(여시아문, 2005), 『바람의 땅 실크로드 상·하』(실크로드문화사, 2008), 『실크로드 고전 여행기 총서(대당서역기, 왕오천축국전, 불국기, 대당서역구법고승전, 송운행기, 파미르고원의 역사와 문화산책:1질 6권, 글로벌콘텐츠, 2013)』, 『네팔의 역사 문화산책』(글로벌콘텐츠, 2019), 『나마스떼! 김써르』(글로벌콘텐츠, 2019) 등이 있다.

또한 KBS 다큐멘터리 「차마고도(구게왕국편)」, KBS역사기행 「당번고도(2부작)」, KBS역사스페셜 「혜초(2부작)」, 「티베트고원을 가다(6부작)」, MBC 다큐 「샤먼로드」 등의 기획, 고문, 리포터 역할을 맡아 티베트와 실크로드를 대중에게 소개하는 데 기여했다.

또한 그림 분야 전시로는 〈공간전(공간미술관,1989년)〉, 〈수리재영가전(경인미술관, 1987년)〉, 〈라싸예총 초대전(라싸, 1997년)〉, 〈바람이 불어오는 곳(아트필드갤러리, 2022)〉, 〈나마스떼 히말라야(아트필드갤러리, 2023)〉 외 화집출간으로는 『월인천강별곡月印千江別曲 시리즈』, 『싯다르타의 꿈(불광출판사, 2010년)』 등이 있다.

설산 너머 티베트 불교 30년 순례기
바람의 노래가 된 순례자

초판 1쇄 인쇄　2025년 8월 15일
초판 1쇄 발행　2025년 8월 25일

글·사진　　　김규현

발행인　　　원택(여무의)
발행처　　　도서출판 장경각
등록번호　　합천 제1호
등록일자　　1987년 11월 30일

본사　　　　경상남도 합천군 가야면 해인사길 118-116, 해인사 백련암
서울사무소　서울시 종로구 삼봉로 81(수송동, 두산위브파빌리온) 1232호
전화　　　　(02)2198-5372
홈페이지　　www.sungchol.org
편집·제작　　선연

ⓒ 2025, 김규현

ISBN 979-11-91868-58-6　(03220)

책값 27,000원

※이 책에 실린 내용은 무단으로 복제하거나 전재할 수 없습니다.
※잘못된 책은 교환해 드립니다.